DISCLAIMER

The author and publisher are providing this book and its contents on an "as is" basis and make no representations or warranties of any kind with respect to this book or its contents. The author and publisher disclaim all such representations and warranties, including but not limited to warranties of merchantability. In addition, the author and publisher do not represent or warrant that the information accessible via this book is accurate, complete, or current.

Except as specifically stated in this book, neither the author nor publisher, nor any authors, contributors, or other representatives will be liable for damages arising out of or in connection with the use of this book. This is a comprehensive limitation of liability that applies to all damages of any kind, including (without limitation) compensatory; direct, indirect, or consequential damages; loss of data, income, or profit; loss of or damage to property; and claims of third parties.

Copyright © 2022 LINGUAS CLASSICS

BESTACTIVITYBOOKS.COM

All rights reserved. No part of this book may be reproduced or used in any manner without the written permission of the copyright owner except for the use of quotations in a book review.

FIRST EDITION - Published 2022

Extra Graphic Material From: www.freepik.com
Thanks to: Alekksall, Starline, Pch.vector, Rawpixel.com, Vectorpocket, Dgim-studio, Upklyak, Macrovector, Stockgiu, Pikisuperstar & Freepik.com Designers

This Book Comes With Free Bonus Puzzles
Available Here:

BestActivityBooks.com/WSBONUS20

5 TIPS TO START!

1) HOW TO SOLVE

The Puzzles are in a Classic Format:

- Words are hidden without breaks (no spaces, dashes, ...)
- Orientation: Forward & Backward, Up & Down or in Diagonal (can be in both directions)
- Words can overlap or cross each other

2) ACTIVE LEARNING

To encourage learning actively, a space is provided next to each word to write down the translation. The **DICTIONARY** allows you to verify and expand your knowledge. You can look up and write down each translation, find the words in the Puzzle then add them to your vocabulary!

3) TAG YOUR WORDS

Have you tried using a tag system? For example, you could mark the words which have been difficult to find with a cross, the ones you loved with a star, new words with a triangle, rare words with a diamond and so on...

4) ORGANIZE YOUR LEARNING

We also offer a convenient **NOTEBOOK** at the end of this edition. Whether on vacation, travelling or at home, you can easily organize your new knowledge without needing a second notebook!

5) FINISHED?

Go to the bonus section: **MONSTER CHALLENGE** to find a free game offered at the end of this edition!

Want more fun and learning activities? It's **Fast and Simple!**
An entire Game Book Collection just **one click away!**

Find your next challenge at:

BestActivityBooks.com/MyNextWordSearch

Ready, Set... Go!

Did you know there are around 7,000 different languages in the world? Words are precious.

We love languages and have been working hard to make the highest quality books for you. Our ingredients?

A selection of indispensable learning themes, three big slices of fun, then we add a spoonful of difficult words and a pinch of rare ones. We serve them up with care and a maximum of delight so you can solve the best word games and have fun learning!

Your feedback is essential. You can be an active participant in the success of this book by leaving us a review. Tell us what you liked most in this edition!

Here is a short link which will take you to your order page.

BestBooksActivity.com/Review50

Thanks for your help and enjoy the Game!

Linguas Classics Team

1 - Antiques

```
Д А Н С Н Е О Б Ы Ч Н Ы Й М
Т Е У К О Л Л Е К Т О Р Ы Н
Ъ П С К И И Ц И Т С Е В Н И
В А Ю Я Ц Г А Л Е Р Е Я Ч М
В У К У Т И Ы Н Ж К И Э И Е
Ю С Ф Р Б И О А Л Ю М Л Т Б
С Т А Р Ы Й Л Н Е Ъ Е Н Е
Б Г Н Я Ш Ы Т Е Н О М Г Е Л
Ш Б Ь С Д Щ Ж Ц Т Ш Ь А Т Ь
С О С Т О Я Н И Е И О Н У С
С К У Л Ь П Т У Р А Я Т А Т
К А Ч Е С Т В О Х Х Я Н Д И
В Е К Ц Е Н Н О С Т Ь Ы Ч Л
И С К У С С Т В О Ш Ъ Й О Ь
```

ИСКУССТВО
АУКЦИОН
АУТЕНТИЧНЫЙ
ВЕК
МОНЕТЫ
КОЛЛЕКТОР
СОСТОЯНИЕ
ДЕСЯТИЛЕТИЯ
ЭЛЕГАНТНЫЙ
МЕБЕЛЬ

ГАЛЕРЕЯ
ИНВЕСТИЦИИ
СТАРЫЙ
ЦЕНА
КАЧЕСТВО
СКУЛЬПТУРА
СТИЛЬ
НЕОБЫЧНЫЙ
ЦЕННОСТЬ

2 - Food #1

```
М А Е Н К Л У К Ф Н Я Ч Ч М
О Е Б Щ Г Л Ц Ы С Я Ч Е Р О
Л П Ш Р Ж Л У Ч У К М С Ъ Р
О Ч Л О И О А Б П Ж Е Н П К
К К Ф А Х К С О Н В Н О Л О
О Н О М И Л О О Ш Ь К Б В
У П Ь Р А Х А С П П К Ъ А Ь
Х В Е Б И Д Щ У И С Р А З М
Т У Н Е Ц Ц К У Н О Е Л И Д
Ц Б И С И Х А Р А К П Ю Л Х
Ъ К С О Л Ь П Г Т Ь А Г И Ш
О К П М Л Щ П Ъ А М Н Н К Я
Б О Ц Е Е Р У Ы С Г Р У Ш А
Ш Д Ш К Ъ И Ф Ъ А С А Л А Т
```

АБРИКОС
ЯЧМЕНЬ
БАЗИЛИК
МОРКОВЬ
КОРИЦА
ЧЕСНОК
СОК
ЛИМОН
МОЛОКО
ЛУК

АРАХИС
ГРУША
САЛАТ
СОЛЬ
СУП
ШПИНАТ
КЛУБНИКА
САХАР
ТУНЕЦ
РЕПА

3 - Measurements

С	С	Т	Е	П	Е	Н	Ь	С	Т	Д	Т	Х	Д
Н	А	И	К	О	Ш	В	Ж	Я	П	Ю	Ю	Б	Е
Щ	Н	Н	А	М	И	С	Т	А	Х	Й	Б	А	С
Б	Н	Р	Т	Е	М	О	Л	И	К	М	И	Й	Я
Щ	О	М	Н	И	М	А	С	С	А	С	Щ	Т	Т
А	Т	У	Н	И	М	Д	Л	И	Н	А	У	Ы	И
О	Б	Ъ	Е	М	Б	Е	Ш	И	Р	И	Н	А	Ч
Т	Б	Ч	Т	К	В	Ч	Т	П	А	Ю	Я	Х	Н
В	Г	Ы	Д	О	Р	И	А	Р	Т	Е	М	Р	Ы
Ы	Х	Р	К	Ч	Р	Г	Г	М	Т	О	Е	Я	Й
С	Ъ	У	А	У	Н	Ц	И	Я	Щ	И	В	Е	С
О	Ь	И	С	М	С	Я	М	Д	У	П	Л	Ш	Ъ
Т	Ф	Ц	Ф	Ф	М	Г	Л	У	Б	И	Н	А	Щ
А	Т	Ш	Ф	К	И	Л	О	Г	Р	А	М	М	И

БАЙТ
САНТИМЕТР
ДЕСЯТИЧНЫЙ
СТЕПЕНЬ
ГЛУБИНА
ГРАММ
ВЫСОТА
ДЮЙМ
КИЛОГРАММ
КИЛОМЕТР
ДЛИНА
ЛИТР
МАССА
МЕТР
МИНУТА
УНЦИЯ
ТОННА
ОБЪЕМ
ВЕС
ШИРИНА

4 - Farm #2

```
Е Щ Е Ы Н Т О В И Ж Д Я О Р
Е Я Ж Ю П О В У Ч И И Г Р П
У И Щ Р Л С О Ч П В Н Н О Ф
Р Т Б Я Д А Щ Ю Ф И Н Е Ш Е
Л С К Х О К Ж Т Ъ В Н Е Р
Е А Ж А Ц В О Ч Н К Щ О Н М
Ъ Р Л Ж Ь Н Е М Ч Я К И Е
И Т С А П Ц Н Д Ч Х Л Р Е Р
М Ш Г Ч М Щ Е А К Ъ Ц О М А
Л У Г Ж Р А Ш Ф Р У К Т О Б
В Л Е Т П Ь С К Ь М Ч К Л М
П Ш Е Н И Ц А А М К С А О А
К У К У Р У З А Д Т Д Р К Ш
М О Н К П Ы Ю Б К О Д Т О Ю
```

ЖИВОТНЫЕ	ЛАМА
ЯЧМЕНЬ	ЛУГ
АМБАР	МОЛОКО
КУКУРУЗА	САД
УТКА	ОВЦА
ФЕРМЕР	ПАСТИ
ЕДА	РАСТИ
ФРУКТ	ТРАКТОР
ОРОШЕНИЕ	ОВОЩ
ЯГНЕНОК	ПШЕНИЦА

5 - Books

Ю	И	Р	Е	С	Р	Р	И	К	Р	Л	В	Л
П	С	Ь	Ъ	Щ	О	Х	О	С	О	А	И	Е	М
О	Т	А	В	Т	О	Р	М	Т	Л	С	Т	П	О
Э	О	Т	Ч	Х	А	О	А	О	Л	С	Е	Р	Ч
З	Р	Н	Р	И	Я	Л	Н	Р	Е	К	Р	И	Т
И	И	А	Е	А	Т	Ч	Е	И	К	А	А	К	Ч
Я	Ч	П	Т	К	Г	А	У	Я	Ц	З	Т	Л	С
П	Е	И	К	Р	О	И	Т	О	И	Ч	У	Ю	Т
Ю	С	С	А	Т	Д	Н	Ч	Е	Я	И	Р	Ч	Р
Ъ	К	А	Р	Л	Щ	В	Т	Е	Л	К	Н	Е	А
Ь	И	Н	А	В	О	Л	С	Е	С	Ь	Ы	Н	Н
Ъ	Й	О	Х	И	Т	С	Ж	Ж	К	К	Й	И
Э	П	И	Ч	Е	С	К	И	Й	Н	С	И	Е	Ц
У	М	Е	С	Т	Н	Ы	Й	Ш	В	Р	Т	Й	А

ПРИКЛЮЧЕНИЕ
АВТОР
ХАРАКТЕР
КОЛЛЕКЦИЯ
КОНТЕКСТ
ЭПИЧЕСКИЙ
ИСТОРИЧЕСКИЙ
ЛИТЕРАТУРНЫЙ
РАССКАЗЧИК
РОМАН

СТРАНИЦА
СТИХ
ПОЭЗИЯ
ЧИТАТЕЛЬ
УМЕСТНЫЙ
СЕРИИ
ИСТОРИЯ
ТРАГИЧЕСКИЙ
СЛОВА
НАПИСАНО

6 - Meditation

Л	Н	П	М	Ж	В	Ф	Ы	М	Р	У	Д	С	Б
А	Т	О	Р	Б	О	Д	Х	У	Э	Г	Ы	О	О
Д	Ю	Ш	В	И	Ю	Х	Ш	З	М	О	Х	С	Д
О	Ю	Ш	Н	Л	Н	Т	У	Ы	О	Ш	А	Т	Р
Р	И	Р	И	М	Б	Я	М	К	Ц	У	Н	Р	С
И	К	М	М	Б	Р	И	Т	А	И	М	И	А	Т
Р	Ч	Ы	А	Ш	Р	О	П	И	И	С	Е	Д	В
П	Ы	С	Н	О	Ц	А	Е	Б	Е	Т	Ю	А	У
Т	В	Л	И	Е	И	Н	Е	Ж	И	В	Д	Н	Ю
Н	И	И	Е	Т	Л	Ю	Б	Ь	О	Е	Г	И	Щ
Б	Р	Ш	Я	С	Н	О	С	Т	Ь	Н	Ч	Е	И
К	П	Ш	И	Ф	И	Ъ	И	О	К	Н	К	И	Й
Ц	Ш	О	Н	Н	Л	Е	О	К	Р	Ы	Ю	И	Б
С	Ч	А	Л	У	А	Х	Р	Щ	Г	Й	Л	Ъ	В

ПРИНЯТИЕ
ВНИМАНИЕ
БОДРСТВУЮЩИЙ
ДЫХАНИЕ
ЯСНОСТЬ
СОСТРАДАНИЕ
ЭМОЦИИ
ПРИВЫЧКИ
ДОБРОТА

УМСТВЕННЫЙ
УМ
ДВИЖЕНИЕ
МУЗЫКА
ПРИРОДА
МИР
ТИШИНА
МЫСЛИ

7 - Days and Months

А	Ф	Е	В	Р	А	Л	Ь	Г	Ц	Е	А	М	Н
В	Е	Д	Т	Л	Ж	У	Р	Р	Г	Ъ	Ц	Е	О
Г	Ъ	О	М	Ф	М	В	Б	Е	Б	Ф	И	С	Я
У	Ь	Р	А	В	Н	Я	Я	В	С	Я	Н	Я	Б
С	Ы	Г	Р	Л	Г	О	Т	Т	Р	И	Т	Ц	Р
Т	Ь	Н	Т	Ю	С	Г	Н	Е	Е	Ю	Я	К	Ь
Н	Е	Д	Е	Л	Я	Ь	Е	Ч	Д	Л	П	И	О
Щ	Ш	П	Г	О	Д	С	С	С	А	Ь	Л	Н	А
Г	Ь	В	У	Я	А	Н	У	С	Щ	Д	М	Р	П
И	А	Я	У	О	Ь	Ж	Р	Б	Я	Т	Ъ	О	Р
Н	П	Ф	Л	У	В	Ъ	Ф	Е	Б	Я	Ш	Т	Е
К	А	Л	Е	Н	Д	А	Р	Ь	Ж	О	Ж	В	Л
П	О	Н	Е	Д	Е	Л	Ь	Н	И	К	Т	В	Ь
В	О	С	К	Р	Е	С	Е	Н	Ь	Е	Ш	А	Щ

АПРЕЛЬ	НОЯБРЬ
АВГУСТ	ОКТЯБРЬ
КАЛЕНДАРЬ	СУББОТА
ФЕВРАЛЬ	СЕНТЯБРЬ
ПЯТНИЦА	ВОСКРЕСЕНЬЕ
ЯНВАРЬ	ЧЕТВЕРГ
ИЮЛЬ	ВТОРНИК
МАРТ	СРЕДА
ПОНЕДЕЛЬНИК	НЕДЕЛЯ
МЕСЯЦ	ГОД

8 - Energy

```
Х П Д Ч Я С Н Я Д Е Р Н Ы Й
С Б Ц Ж П В О А Б К А Ц У И
Ш М С Е Н О Т Л И П П Ю Г К
Щ Н Ж К Л Д О О Н Ь Б Л С
М О Т О Р О Ф Г П Ц Н О Е Е
У А В В А Р Щ У Ъ Л Е Ы Р Ч
Ь Ь Я И П О Р Т Н Э И П О И
Щ Л Т Ь Ы Д Ж К Ц Д Р В Д Р
Б Е Н З И Н Г А Ю Ф Е Р О Т
Ф З И Ж Я Х Я Е Р А Т А Б К
Т И Т У Р Б И Н А А Е Н М Е
Ь Д Э Л Е К Т Р О Н В Щ О Л
Д В И Г А Т Е Л Ь П Ц Е Е Э
З А Г Р Я З Н Е Н И Е В Ж Т
```

БАТАРЕЯ
УГЛЕРОД
ДИЗЕЛЬ
ЭЛЕКТРИЧЕСКИЙ
ЭЛЕКТРОН
ДВИГАТЕЛЬ
ЭНТРОПИЯ
ТОПЛИВО
БЕНЗИН
ЖАРА

ВОДОРОД
МОТОР
ЯДЕРНЫЙ
ФОТОН
ЗАГРЯЗНЕНИЕ
ПАР
СОЛНЦЕ
ТУРБИНА
ВЕТЕР

9 - Chess

Ж	Ю	Р	Б	У	Я	Ю	Ш	С	Т	О	И	К	Ч
П	А	С	С	И	В	Н	Ы	Й	Й	С	Г	О	Е
И	Ж	П	Р	О	Б	Л	Е	М	Ы	Т	Р	Н	М
К	О	Р	О	Л	Е	В	А	Ч	Н	Р	О	К	П
Ч	П	Р	А	В	И	Л	А	Х	М	А	К	У	И
О	Б	Г	У	Х	Ъ	А	Т	Ъ	У	Т	К	Р	О
Т	У	Р	Н	И	Р	Л	Г	Р	Я	Е	И	С	Н
К	Ш	О	Щ	Ш	Ь	Л	А	Н	О	Г	А	И	Д
О	Ц	Д	Ш	Н	Я	П	Ъ	Ь	В	И	Б	Р	У
Р	К	Ш	Я	М	У	Е	У	И	Г	Я	Е	П	Ъ
О	Ч	Ж	Ы	П	Л	Н	Д	Г	Д	М	Л	Е	Ь
Л	И	Г	Р	А	В	Т	Р	Е	Ж	Е	Ы	Ц	О
Ь	О	П	П	О	Н	Е	Н	Т	Ф	Р	Й	Я	П
М	Ч	Е	Р	Н	Ы	Й	М	Ж	Ж	В	Ф	Ы	Н

ЧЕРНЫЙ
ПРОБЛЕМЫ
ЧЕМПИОН
УМНЫЙ
КОНКУРС
ДИАГОНАЛЬ
ИГРА
КОРОЛЬ
ОППОНЕНТ
ПАССИВНЫЙ

ИГРОК
ТОЧКИ
КОРОЛЕВА
ПРАВИЛА
ЖЕРТВА
СТРАТЕГИЯ
ВРЕМЯ
ТУРНИР
БЕЛЫЙ

10 - Archeology

Д	Х	Ъ	Х	О	П	Т	Ь	Т	Ь	Е	Ъ	Р	П
Р	А	О	Ю	Г	Ц	Ж	Ю	И	Ш	И	Е	Я	О
Е	И	Н	Ы	Т	К	Е	Ъ	Б	О	П	В	И	Т
В	С	Щ	А	Щ	М	А	Н	Й	А	Т	Ы	В	О
Н	К	З	Э	Л	Л	Ц	Т	К	М	Ь	В	К	М
О	О	А	К	К	И	Я	П	М	А	У	О	И	О
С	П	Б	С	О	Ц	З	Я	О	Р	Е	Д	Л	К
Т	А	Ы	П	М	П	М	Ъ	Г	Х	Д	Ы	Е	Ч
Ь	Е	Т	Е	А	Ы	Ж	Й	И	Н	В	Е	Р	Д
Р	М	Ы	Р	Н	Б	Р	Ю	Л	Т	Ц	Ш	П	Т
У	О	Й	Т	Д	Я	Н	У	А	М	С	Щ	Ф	Е
И	Е	Н	Ц	А	Е	Ю	Т	Р	В	О	О	Щ	Л
Ф	Е	Г	Щ	П	Ф	Ф	О	Э	Ф	С	П	К	Г
Ц	И	В	И	Л	И	З	А	Ц	И	Я	Ы	Ф	Ш

АНАЛИЗ
ДРЕВНИЙ
ДРЕВНОСТЬ
КОСТИ
ЦИВИЛИЗАЦИЯ
ПОТОМОК
ЭРА
ОЦЕНКА
ЭКСПЕРТ

ВЫВОДЫ
ЗАБЫТЫЙ
ИСКОПАЕМОЕ
ТАЙНА
ОБЪЕКТЫ
РЕЛИКВИЯ
КОМАНДА
ХРАМ
МОГИЛА

11 - Food #2

```
С Д Т Ф Я Л Р Ю Ъ У С И Г О
Е Т С П Б Р Ы Б А А Н Ы Р А
Л Г Ы А Л А Н И Ч Т Е В И П
Ь О Р Г О Ц Й Я К Ч А Е Б В
Д У И П К И Ь Л С В Р А Х И
Е Ы Р О О Н У Х Я Х Т Д И Н
Р Л М М Ч Е М Щ Ш Н И А Н О
Е Я С И Ц Ш Д Ъ В А Ш Ц Ш Г
Й С Ц Д Ж П Щ Т Ж Ж О И Г Р
Х И Л О К К О Р Б А К Р В А
Ы Д Х Р Б А Н А Н Л Х У К Д
Х Ъ Ш О К О Л А Д К Г К Ж Ш
Г Я К И В И Н Ч Ц А Ъ Щ К А
М Ю Й О Г У Р Т Ц Б Р И С О
```

ЯБЛОКО
АРТИШОК
БАНАН
БРОККОЛИ
СЕЛЬДЕРЕЙ
СЫР
ВИШНЯ
КУРИЦА
ШОКОЛАД
ЯЙЦО

БАКЛАЖАН
РЫБА
ВИНОГРАД
ВЕТЧИНА
КИВИ
ГРИБ
РИС
ПОМИДОР
ПШЕНИЦА
ЙОГУРТ

12 - Chemistry

У	Ъ	Т	У	Ь	О	Ж	Ф	П	Ы	Р	Х	Д	К
Г	Н	Р	Е	У	Ы	А	Б	Е	Б	Ь	Л	О	С
Л	О	О	К	М	О	Р	Ш	Я	Р	Л	О	Х	У
Е	Й	Т	В	Ъ	П	А	Ш	Ц	Ж	М	Р	С	Н
Р	Ы	А	Ч	Ф	Ю	Е	Ч	Т	Ч	У	Е	Х	О
О	Н	З	А	Г	Ъ	В	Р	Ш	Л	А	Т	Н	Р
Д	Р	И	Щ	Х	Ы	Н	П	А	К	У	Ц	О	Т
Щ	Е	Л	О	Ч	Н	О	Й	Л	Т	В	А	И	К
Р	Д	А	И	Г	В	Н	Ы	У	Е	У	Е	Н	Е
Ц	Я	Т	Ж	Х	О	Л	Н	К	А	С	Р	С	Л
Ф	Г	А	У	Ч	Г	М	М	Е	Ы	Д	Щ	А	Э
Б	Б	К	Х	Д	О	Р	О	Л	С	И	К	Ю	М
К	И	С	Л	О	Т	А	Т	О	Г	Ь	А	Р	С
В	О	Д	О	Р	О	Д	А	М	К	П	Г	В	Н

КИСЛОТА	ЖАРА
ЩЕЛОЧНОЙ	ВОДОРОД
АТОМНЫЙ	ИОН
УГЛЕРОД	МОЛЕКУЛА
КАТАЛИЗАТОР	ЯДЕРНЫЙ
ХЛОР	КИСЛОРОД
ЭЛЕКТРОН	СОЛЬ
ФЕРМЕНТ	ТЕМПЕРАТУРА
ГАЗ	ВЕС

13 - Music

П	М	А	Л	Ь	Б	О	М	О	З	Б	Ц	В	Ф
О	Ф	Е	Щ	М	Ф	Й	Щ	П	А	А	Г	О	Х
Э	Е	О	Л	Ф	В	Ы	Л	Е	П	Л	М	К	Ф
Т	П	А	П	О	Ш	Н	Л	Р	И	Л	И	А	Д
И	Н	Л	Е	П	Д	Ч	Р	А	С	А	К	Л	П
К	Т	Т	В	С	Л	И	Я	И	Ь	Д	Р	О	Х
А	Н	О	Е	С	С	М	Я	О	Т	А	О	Г	Ц
Е	А	И	Ц	М	Е	Т	Г	Ы	Г	М	Ф	А	М
Э	К	Л	Е	К	Т	И	Ч	Н	Ы	Й	О	Р	Д
Т	Ы	В	Ш	Ы	Ф	Р	П	У	Б	О	Н	М	О
Х	З	П	Е	Т	Ь	У	С	П	Г	И	Ж	О	Я
В	У	Ч	Н	Г	У	Д	С	Ы	Ш	Г	М	Н	Е
Т	М	В	Б	Й	И	К	С	Е	Ч	И	Р	И	Л
К	Л	А	С	С	И	Ч	Е	С	К	И	Й	Я	Ь

АЛЬБОМ
БАЛЛАДА
ХОР
КЛАССИЧЕСКИЙ
ЭКЛЕКТИЧНЫЙ
ГАРМОНИЯ
ЛИРИЧЕСКИЙ
МЕЛОДИЯ
МИКРОФОН

МУЗЫКАНТ
ОПЕРА
ПОЭТИКА
ЗАПИСЬ
РИТМ
РИТМИЧНЫЙ
ПЕТЬ
ПЕВЕЦ
ВОКАЛ

14 - Family

А	И	Ж	Ж	Ц	К	Д	Т	Е	Т	Я	Ж	Ц	Х
Н	К	У	Н	В	Л	Д	О	Е	Р	М	Е	И	Я
У	Ц	М	Ш	С	У	Е	И	Ч	Е	Ц	Н	Ф	И
Д	Е	Д	А	Х	И	Т	Е	Д	Ь	Д	А	Ч	Н
П	Т	Р	Ц	Т	Ь	С	Ф	Х	Х	Л	М	Ж	Г
О	О	Е	И	А	Ь	Т	Б	А	Б	У	Ш	К	А
Т	Я	Б	Н	Р	Ы	В	П	Р	Е	Д	О	К	Б
Ц	У	Е	Н	Б	Л	О	А	Д	У	Н	Ф	С	В
О	У	Н	Я	Ц	К	И	Н	Н	Я	М	Е	Л	П
В	С	О	М	С	Е	С	Т	Р	А	Д	Т	Д	Щ
С	Х	К	Е	Б	В	Ъ	Д	Р	Г	М	Я	П	Е
К	К	С	Л	У	Н	Е	С	С	Ы	В	Т	Ш	Ч
И	Я	Т	П	Н	Щ	Ш	Н	Г	Ж	Ч	Ш	У	Ф
Й	М	А	Т	Е	Р	И	Н	С	К	И	Й	М	Ш

ПРЕДОК
ТЕТЯ
БРАТ
РЕБЕНОК
ДЕТСТВО
ДЕТИ
ДОЧЬ
ОТЕЦ
ДЕД
БАБУШКА

ВНУК
МУЖ
МАТЕРИНСКИЙ
МАТЬ
ПЛЕМЯННИК
ПЛЕМЯННИЦА
ОТЦОВСКИЙ
СЕСТРА
ДЯДЯ
ЖЕНА

15 - Farm #1

У	Ч	Ю	Ь	О	Р	У	Л	Ю	Ч	Е	И	З	М
Е	П	О	Л	Е	И	Д	Б	О	Т	Ж	Л	А	А
А	Н	Е	М	Е	С	О	В	Е	Ш	М	Ш	Б	В
Н	Ц	Е	Щ	Я	З	Б	О	Х	Щ	А	О	О	М
О	Е	И	Ф	Ъ	У	Р	Д	Т	Ж	Л	Д	Р	Е
Р	Л	Ф	Р	Ш	Б	Е	А	Х	Ц	Е	П	Ь	Д
О	Е	К	Ю	У	Р	Н	И	Н	Ш	Ч	Ш	Г	П
В	Т	О	Ъ	В	К	И	К	Ф	С	П	Р	О	Е
И	У	Ш	Н	Р	Щ	Е	О	С	Е	Л	Х	Ж	Т
С	О	К	Ъ	Я	С	О	Б	А	К	А	Ю	Щ	К
Б	Е	А	Р	К	Ф	К	О	Р	О	В	А	Ц	О
И	О	Н	Е	Ж	С	Т	А	Д	О	Б	Ъ	Ь	З
В	Ъ	П	О	Г	Т	Ъ	С	Ш	Е	М	Я	А	А
Н	Ы	Ы	Я	К	Ъ	У	Б	Ц	Г	К	Л	Ъ	Ъ

ПЧЕЛА УДОБРЕНИЕ
ЗУБР ПОЛЕ
ТЕЛЕЦ СТАДО
КОШКА КОЗА
КУРИЦА СЕНО
КОРОВА МЕД
ВОРОНА ЛОШАДЬ
СОБАКА РИС
ОСЕЛ СЕМЕНА
ЗАБОР ВОДА

16 - Camping

```
Ь Д Н Ц Д Р Ж Л И А Л О Г В
Л Ц Ц А Р О Г И Я О Е Х А Е
П У С И Р Ш Л В Э С О М Р
А Х Н М А Е Б Щ У О И Т А Е
Л И Е А П З К Х Ц Н Т А К В
А Щ Ъ Ц М О И О Я А Ш Н У К
Т И Щ Ы О Х С Ы М К К Ж Ы А
К Л Ъ С К Ц В Щ М О Х П Ж Е
А Ш Л Я П А С Ж Х Ь Е У Ы Р
О Щ Е И Н А В О Д У Р О Б О
Д Е Р Е В Ь Я Г Ь Г Ю Л Г П
П Р И Р О Д А О Р Ч Г Я П Г
В Е С Е Л Ь Е Н К А Р Т А У
С Л Ц И Т Г Т Ь Ы Ы Н Л Ы Ж
```

ЖИВОТНЫЕ	НАСЕКОМОЕ
КАНОЭ	ОЗЕРО
КОМПАС	КАРТА
ОБОРУДОВАНИЕ	ЛУНА
ОГОНЬ	ГОРА
ЛЕС	ПРИРОДА
ВЕСЕЛЬЕ	ВЕРЕВКА
ГАМАК	ПАЛАТКА
ШЛЯПА	ДЕРЕВЬЯ
ОХОТА	

17 - Cats

```
З О Ц Н Т Ж Г Ю Х Н М Л Щ С
А И Х Т Ш А Ш Н У Е А Ю Ю У
С К Г О У У Ш У П З Л Б Л М
Т Г О Р Т М Е Х Р А Е О Ю А
Е И Ж Г И Н Щ Б Я В Н П Б С
Н А Х А О В И Ф Ж И Ь Ы Я Ш
Ч Ъ Ю И Р Т Ы К А С К Т Щ Е
И Ф Н Д Ы Л Ь Й Р И И Н И Д
В Л И Ч Н О С Т Ь М Й Ы Й Ш
Ы Ж К Р Ц Е Т Ь Ш Ы М Й И И
Й О Н Ш Е М С Т Х Й К Х К Й
Р Х С Ю П Т О А П А Л О И В
Б Ы С Т Р О В П В У С А Д С
Ш И Ю Щ Н С Х С Щ Ф Д У С Ы
```

ЛЮБЯЩИЙ
КОГОТЬ
СУМАСШЕДШИЙ
ЛЮБОПЫТНЫЙ
БЫСТРО
СМЕШНОЙ
МЕХ
ОХОТНИК
НЕЗАВИСИМЫЙ
МАЛЕНЬКИЙ

МЫШЬ
ЛАПА
ЛИЧНОСТЬ
ИГРИВЫЙ
ЗАСТЕНЧИВЫЙ
СПАТЬ
ХВОСТ
ДИКИЙ
ПРЯЖА

18 - Algebra

```
М Э П Ф С К О Б К А Ф Д Б Н
А К Р О Щ П Н У Л Ь У Е Е Р
Т С О Р Г Е Р К У С Ь Л С Е
Р П Б М Ц Р О Т К А Ф Е К Ш
И О Л У Ф Е Ч Х И Я Х Н О Е
Ц Н Е Л Д М И Ш Т Е В И Н Н
А Е М А Ф Е С Н Ъ О Б Е Е И
Н Н А Б Н Н Л Я М Ю Щ Т Ч Е
М Т О Ц Ц Н О Ъ О Б Т Щ Н Г
Ъ О Ю Ь Т А Щ О Р П У Е Ы Р
Ш О В Ж Р Я И Ц К А Р Ф Й А
Щ В В Ы Ч И Т А Н И Е Д Ъ Ф
Л И Н Е Й Н Ы Й Ы Н Ж О Л И
Ъ Д И А Г Р А М М А Щ А Ф К
```

ДИАГРАММА
ДЕЛЕНИЕ
ЭКСПОНЕНТ
ФАКТОР
ЛОЖНЫЙ
ФОРМУЛА
ФРАКЦИЯ
ГРАФИК
БЕСКОНЕЧНЫЙ
ЛИНЕЙНЫЙ

МАТРИЦА
ЧИСЛО
СКОБКА
ПРОБЛЕМА
УПРОЩАТЬ
РЕШЕНИЕ
ВЫЧИТАНИЕ
ПЕРЕМЕННАЯ
НУЛЬ

19 - Numbers

```
В П Я И Ч Ц Ц Р Ч Ю Ш С Д Д
Ц О Я Р Д Е С Я Т Ь Е Е В Е
Ь С С Т Р М Г Ь Р К С М Е С
Т Е Ш Е Н М Б Ь Ъ Б Т Н Н Я
А М Ы Р М А О Т М Я Ь А А Т
Ц Ь Б Ы Ц Н Д А Ь А Я Д Д И
Д Г Я Т Я И А Ц Т М У Ц Ц Ч
А Е В Е К Д Р Д А У Ь А А Н
Н Х В Ч В О И А Ц Т С Т Т Ы
Р П Ч Я О Е Б Н Д А Ь Ь Ь Й
Ы М Г Н Т П М И А Р Т Л Ь Ъ
Т У Ж Ю Д Ь Д Р В Х Я Ь Г Г
Е И Ъ У Р Н Х Т Д Ъ П Л Ф С
Ч Д В А Ь К Ч В О С Е М Ь Г
```

ДЕСЯТИЧНЫЙ
ВОСЕМЬ
ВОСЕМНАДЦАТЬ
ПЯТНАДЦАТЬ
ПЯТЬ
ЧЕТЫРЕ
ЧЕТЫРНАДЦАТЬ
ДЕВЯТЬ
ОДИН

СЕМЬ
СЕМНАДЦАТЬ
ШЕСТЬ
ДЕСЯТЬ
ТРИНАДЦАТЬ
ТРИ
ДВЕНАДЦАТЬ
ДВАДЦАТЬ
ДВА

20 - Spices

```
С Т Б Р Ч Ш П И Ж Ш У П С И
Л В М Ь Л Е Х Н Е Ф Ъ А О М
А А Ф И И С С У К В Н Ж Л Б
Д Н Ю У Н Ф Н Н Щ М К И О И
К И У Д В Ю И А О А А Т Д Р
И Л Д Ю А Ц И Р О К Р Н К Ь
Й Ь Е Р С Р Ь Ф Ь И Д И А Ж
А Л У Д Ш Д Ъ А Х Р А К Ч Р
С Н Ж Ф П Н Щ Ш Ц П М Л У К
Н О И Ш Ф А Г Д Г А О Ф Д Ъ
Б О М С А И Х Л Ь П Н И Ж В
Б Л А Ч Д Р Ч Г Л Я Ж Г Ь Ж
А К И Д З О В Г О Р Ь К И Й
К А Р Р И К А А С Г Ш Ж Ф Г
```

АНИС
ГОРЬКИЙ
КАРДАМОН
КОРИЦА
ГВОЗДИКА
КОРИАНДР
ТМИН
КАРРИ
ФЕНХЕЛЬ
ПАЖИТНИК

ВКУС
ЧЕСНОК
ИМБИРЬ
СОЛОДКА
ЛУК
ПАПРИКА
ШАФРАН
СОЛЬ
СЛАДКИЙ
ВАНИЛЬ

21 - Universe

```
А С Т Е Р О И Д К Г К А Д Г
Ш У Е З О Д И А К О О Т Б А
И С И Ы Е Г Ф Л Ф Р С М Ц Л
Р Ю Н Н Ю Ф Я С Щ И М О А А
О Ь Я М Ш Г Щ Ж Ж З И С Ц К
Т Ч О Б Е Н А Ш Б О Ч Ф В Т
А Ъ Т Е М Н О Т А Н Е Е И И
Ь Т С О Н Ч Е В Н Т С Р Д К
Б С Е П Л Щ Н С У В К А И А
Ъ Ь Ц М А Ч Ф И Л У И Б М Ю
М О Н О Р Т С А П Ч Й А Ы Ч
Щ С Л Н Е Б Е С Н Ы Й О Й В
А Ж О П О Л У С Ф Е Р А Г Ц
М Г С Ь Ы С Ю А О Р Б И Т А
```

АСТЕРОИД
АСТРОНОМ
АТМОСФЕРА
НЕБЕСНЫЙ
КОСМИЧЕСКИЙ
ТЕМНОТА
ВЕЧНОСТЬ
ГАЛАКТИКА
ПОЛУСФЕРА

ГОРИЗОНТ
ШИРОТА
ЛУНА
ОРБИТА
НЕБО
СОЛНЦЕСТОЯНИЕ
ВИДИМЫЙ
ЗОДИАК

22 - Mammals

М	Е	Д	В	Е	Д	Ь	Ф	Ю	Ш	Ю	Б	И	К
С	О	Б	А	К	А	Р	Б	Е	З	У	Ч	Л	Е
Ф	Т	Ч	Д	Д	Ъ	Д	У	У	О	Б	Х	П	Н
К	И	Т	С	К	О	Й	О	Т	К	С	М	В	Г
Б	Ж	А	В	Л	Ж	И	Р	А	Ф	Л	Е	В	У
Б	О	Б	Р	О	О	С	Ш	Ш	К	Ч	С	Я	Р
А	О	Е	А	В	А	Н	Я	Ь	З	Е	Б	О	У
М	Ъ	К	Ц	И	Я	Н	О	С	У	Ъ	К	Д	К
Г	О	Р	И	Л	Л	А	Ш	В	Р	Н	Р	Е	О
Я	И	Ы	И	Р	Ъ	Х	Щ	П	Ц	А	О	Л	Ш
Ц	И	Б	Ь	В	Т	В	Ю	О	А	А	Л	Ь	К
Ь	Л	И	Ы	Л	И	С	А	И	Ъ	Ш	И	Ф	А
Щ	Ы	И	А	К	У	В	Ы	Ь	Г	Н	К	И	Г
Ш	В	Ъ	С	Л	О	Ш	А	Д	Ь	О	Ц	Н	Щ

МЕДВЕДЬ	ГОРИЛЛА
БОБР	ЛОШАДЬ
БЫК	КЕНГУРУ
КОШКА	ЛЕВ
КОЙОТ	ОБЕЗЬЯНА
СОБАКА	КРОЛИК
ДЕЛЬФИН	ОВЦА
СЛОН	КИТ
ЛИСА	ВОЛК
ЖИРАФ	ЗЕБРА

23 - Fishing

```
П Д Т П Ч Е Л Ю С Т Ь О О Ь
О Р Е З О Б Г С Е В Н Ы К Л
Л П Е И Н Е П Р Е Т Ш Ж Е Ъ
П Л Х У У Ъ Ж У Е З Р И А Н
Р А Ь В В Т Ж Ч Я Ц О Е Н И
О В О Щ Ч Е В А Д О В Н К Ж
В Н М Х Х Е Л Н Н К Т Ф Ю А
О И Ш Л П Ю Ц И И Ц Ж Е Р К
Д К Ь Ю О Ь Ш З Ч Ж Ю У К Д
Т И М У В М В Р Л Е Ю Н Ж О
Т Ь И Ъ А Ь У О А Ш Н С П Л
А А Н О Р Г А К Н А М И Р П
О Б О Р У Д О В А Н И Е Е А
В Е С Ы Р Б А Ж Я Л П У П Е
```

ПРИМАНКА	ЧЕЛЮСТЬ
КОРЗИНА	ОЗЕРО
ПЛЯЖ	ОКЕАН
ЛОДКА	ТЕРПЕНИЕ
ПОВАР	РЕКА
ОБОРУДОВАНИЕ	ВЕСЫ
ПРЕУВЕЛИЧЕНИЕ	СЕЗОН
ПЛАВНИКИ	ВОДА
ЖАБРЫ	ВЕС
КРЮК	ПРОВОД

24 - Bees

Р	О	Ц	П	У	Р	Т	Ъ	П	П	П	Б	Щ	Э
Л	А	П	В	Ъ	О	Д	В	Ы	Т	Е	В	Ц	К
К	М	З	Ы	Е	Й	Ы	О	Л	К	Ч	Ф	У	О
Ш	Ь	Ъ	Н	Л	Т	Ф	С	Ь	У	Б	Ь	А	С
Ф	Ы	К	Л	О	И	Е	К	Ц	Р	Щ	Ц	В	И
Р	О	Ы	Я	Ш	О	Т	Н	А	Ф	Е	Г	Ы	С
Л	Щ	Ю	П	Ц	Л	Б	Е	И	И	Д	Н	Г	Т
Я	И	Н	Е	Т	С	А	Р	Л	Е	А	Д	О	Е
К	О	Р	О	Л	Е	В	А	А	Ь	Ц	Ы	Д	М
Н	А	С	Е	К	О	М	О	Е	З	П	М	Н	А
Л	Б	Я	О	М	Ы	Л	Ж	Ж	Х	И	Й	Ы	Р
Д	Е	М	Б	К	Р	Ы	Л	Ь	Я	Т	Е	Й	Х
А	Я	А	Д	Ц	Г	У	Ш	О	Ч	П	Л	В	Ж
С	О	Л	Н	Ц	Е	Ж	Х	И	Ш	Ь	У	Ъ	Ю

ВЫГОДНЫЙ
ЦВЕТЕНИЕ
РАЗНООБРАЗИЕ
ЭКОСИСТЕМА
ЦВЕТЫ
ЕДА
ФРУКТ
САД
УЛЕЙ
МЕД

НАСЕКОМОЕ
РАСТЕНИЯ
ПЫЛЬЦА
ОПЫЛИТЕЛЬ
КОРОЛЕВА
ДЫМ
СОЛНЦЕ
РОЙ
ВОСК
КРЫЛЬЯ

25 - Weather

Ш	А	П	Ь	О	Г	Щ	Т	Т	Ц	Ь	П	С
Л	З	А	С	У	Х	А	А	Е	Р	В	Х	О	У
Е	С	К	Щ	Р	Ж	М	Р	М	О	Ы	М	Л	Х
Д	У	Е	Щ	К	С	Р	Е	П	П	Л	М	Я	О
Д	Н	А	Г	А	Р	У	Ф	Е	И	О	У	Р	Й
И	Е	М	У	Ф	А	С	С	Р	Ч	Ц	С	Н	К
Н	Б	О	К	А	Л	Б	О	А	Е	Ч	С	Ы	Ъ
Ф	О	Л	Т	Б	Ж	Д	М	Т	С	К	О	Й	С
Ч	Г	Н	Т	О	У	К	Т	У	К	Л	Н	Г	И
И	З	И	Р	Б	Р	Р	А	Р	И	И	А	О	Х
В	Л	Я	Ы	Б	Г	Н	Я	А	Й	М	М	Р	Я
Р	А	Д	У	Г	А	Р	А	Т	Б	А	У	Я	Г
В	Е	Т	Е	Р	В	Л	О	Д	Г	Т	Т	Ж	С
Ъ	Х	Ы	С	Щ	П	Х	Р	М	О	У	Х	Я	Ф

АТМОСФЕРА
БРИЗ
КЛИМАТ
ОБЛАКО
ЗАСУХА
СУХОЙ
ТУМАН
УРАГАН
ЛЕД
МОЛНИЯ

МУССОН
ПОЛЯРНЫЙ
РАДУГА
НЕБО
БУРЯ
ТЕМПЕРАТУРА
ГРОМ
ТОРНАДО
ТРОПИЧЕСКИЙ
ВЕТЕР

26 - Adventure

Ж	Я	Ь	Ф	Я	Ч	В	Й	М	С	Б	Ь	Н	Д
Щ	Ч	У	С	Е	Ъ	Д	И	Ы	Т	Е	Т	А	Ч
М	А	Р	Ш	Р	У	Т	Й	Ц	В	З	С	В	Щ
П	Р	О	Б	Л	Е	М	Ы	С	Х	О	О	И	Ж
К	П	Х	Ъ	М	Н	Д	Н	Ъ	Р	П	Н	Г	Ж
Р	Р	Р	Я	Б	Ж	Ъ	С	Т	А	А	Ж	А	Д
А	Е	А	И	Ц	Щ	О	А	Р	Б	С	О	Ц	Р
Д	Ч	А	С	Р	Ф	Ж	П	У	Р	Н	М	И	У
О	С	Щ	Н	О	О	Т	О	Д	О	О	З	Я	З
С	К	Ь	А	Ш	Т	Д	Г	Н	С	С	О	И	Ь
Т	Е	К	Ш	Н	Е	А	А	О	Т	Т	В	Ч	Я
Ь	Х	П	Я	Я	Р	И	М	С	Ь	Ь	К	Ь	Ф
Ь	Т	С	О	Н	Ь	Л	Е	Т	Я	Е	Д	О	Щ
К	Д	П	Е	Л	О	М	У	Ь	Т	Д	Ч	Б	В

ДЕЯТЕЛЬНОСТЬ
КРАСОТА
ХРАБРОСТЬ
ПРОБЛЕМЫ
ШАНС
ОПАСНЫЙ
ТРУДНОСТЬ
ДРУЗЬЯ

МАРШРУТ
РАДОСТЬ
ПРИРОДА
НАВИГАЦИЯ
НОВЫЙ
ВОЗМОЖНОСТЬ
БЕЗОПАСНОСТЬ

27 - Circus

О	Д	Е	М	Ь	Д	Р	Г	Б	Ы	Е	Щ	Л	П
Ц	Ь	Т	А	К	Е	Л	В	З	А	Р	Л	Ь	О
Е	Л	Е	Г	Ж	Г	Щ	Т	Г	Ы	Ы	Ь	Л	К
С	Ъ	Л	И	О	Ж	И	В	О	Т	Н	Ы	Е	А
Щ	Ф	И	Я	Н	Ж	К	Л	О	У	Н	Ц	Т	З
Г	Е	Б	Е	Г	А	С	Л	О	Н	Ъ	Л	И	А
Т	Л	Е	В	Л	К	К	К	У	Х	А	Л	Р	Т
Х	И	К	Я	Е	Ы	О	Т	С	Б	Ж	Л	З	Ь
В	Л	Г	Л	Р	З	С	Ю	А	Ц	М	Ы	П	А
Ц	Б	Ф	Р	У	У	Т	Н	Е	Л	Ш	А	Б	Е
Л	Д	Ч	Л	П	М	Ю	Ф	С	П	А	Щ	Г	Х
П	А	Р	А	Д	К	М	Т	Р	К	Р	П	А	Ф
К	О	Н	Ф	Е	Т	Ы	А	К	Р	О	Б	А	Т
С	Ш	Б	В	Ч	О	Б	Е	З	Ь	Я	Н	А	Г

АКРОБАТ
ЖИВОТНЫЕ
КОНФЕТЫ
КЛОУН
КОСТЮМ
СЛОН
РАЗВЛЕКАТЬ
ЖОНГЛЕР
ЛЕВ
МАГИЯ

МАГ
ОБЕЗЬЯНА
МУЗЫКА
ПАРАД
ПОКАЗАТЬ
ЗРИТЕЛЬ
ПАЛАТКА
БИЛЕТ
ТИГР

28 - Restaurant #2

Ю	Л	Ж	В	А	О	В	О	Е	Ж	Т	Я	Д	А
Ъ	Щ	Я	К	К	Ф	У	И	Ь	С	А	Й	Т	У
Щ	Р	П	У	С	И	Ф	Г	Л	Т	Ш	Ц	А	У
Ь	И	В	С	У	Ц	Р	Ж	У	К	П	А	Ш	Я
Щ	Е	Н	Н	К	И	Ш	А	Т	У	А	У	Т	Н
У	Я	Щ	Ы	А	А	Ь	О	С	Р	Л	Е	Ы	А
Д	В	Е	Й	З	Н	А	Е	В	Ф	Ц	Ш	Ж	П
Р	Т	К	Т	П	Т	Р	О	Т	О	И	Б	Ф	И
М	О	К	К	П	А	К	Ж	О	Л	Щ	Е	Л	Т
Ч	Ч	Е	В	Р	Л	Ъ	Ъ	О	Ч	Ц	И	Е	О
Б	П	Ю	Ш	А	А	М	Ь	А	Б	Н	Ъ	Д	К
С	О	Л	Ь	С	С	П	И	И	Ц	Е	П	С	Щ
Ю	Ц	Я	К	А	Ч	Ш	Р	Ы	Б	А	Д	О	В
В	Ч	У	Ь	Ъ	Х	Ь	И	М	Е	Ш	Ж	В	Р

ЗАКУСКА
НАПИТОК
ТОРТ
СТУЛ
ВКУСНЫЙ
ОБЕД
ЯЙЦА
РЫБА
ВИЛКА
ФРУКТ

ЛЕД
ЛАПША
САЛАТ
СОЛЬ
СУП
СПЕЦИИ
ЛОЖКА
ОВОЩИ
ОФИЦИАНТ
ВОДА

29 - Geology

```
С Л О Й К Ь Х К П В Е Ж С Л
К З Ы Ш А Ц П К В А Р Ц К А
Р Е Я Ы Л А Р Е Н И М Я О В
И М К Н Ь В У Л К А Н А Н А
С Л А М Ц Э Р О З И Я Е Т Т
Т Е М Т И Т К А Л А Т С И И
А Т Е Ч Й К Б Ь Ь К Р К Н О
Л Р Н О Н И М Т Е С Ю Б Е Ш
Л Я Ь Ы Б С П Р Л Б Ц Ф Н К
Ы С Ч Ж Ъ Л Е Г Х Ь Ы Ъ Т О
Л Е С Р Щ О Щ Ф Ц Ы Л Е Л Р
К Н Ш О Р Т Е Г Е Й З Е Р А
И И Е П Л А Р П Л А Т О К Л
Ц Е Г К Х Ь А Л Ы Ж У П Ц Л
```

КИСЛОТА
КАЛЬЦИЙ
ПЕЩЕРА
КОНТИНЕНТ
КОРАЛЛ
КРИСТАЛЛЫ
ЦИКЛЫ
ЗЕМЛЕТРЯСЕНИЕ
ЭРОЗИЯ
ГЕЙЗЕР

ЛАВА
СЛОЙ
МИНЕРАЛЫ
ПЛАТО
КВАРЦ
СОЛЬ
СТАЛАКТИТ
КАМЕНЬ
ВУЛКАН

30 - House

```
С О Р Ю Т О Н Ы М О Ь Ъ К Р
К О М Н А Т А Р Д У Ш К Ч В
Д А Л Т Е М Э О Л А К Р Е З
В Б Д Ы И Ш Я Т С Д Б Ы Я Н
Е И Ч Р П Ю Н Ш А С Г Ш Ж Я
Р Б К Б Е О К Н О Ж С А С Н
Ь Л У Ц И Ч Я Р Н Ф Х Н И С
С И Х Т Ч Х Р Ъ М Е Б Е Л Ь
Т О Н И М А К З А Б О Р С К
Е Т Я Я Л Г А Р А Ж П Б Л К
Н Е С А Д А Д Ш К Ъ Я Х П Ч
А К Ш О Ы И М К Л Ю Ч И Д Ъ
Б А Р Е Ь Ч Ч П Ж Ы С Е Г Х
Г А У Р Ч Б Е О А П М Н О Х
```

ЧЕРДАК
МЕТЛА
ШТОРЫ
ДВЕРЬ
ЗАБОР
КАМИН
ЭТАЖ
МЕБЕЛЬ
ГАРАЖ
САД

КЛЮЧИ
КУХНЯ
ЛАМПА
БИБЛИОТЕКА
ЗЕРКАЛО
КРЫША
КОМНАТА
ДУШ
СТЕНА
ОКНО

31 - Physics

```
Ф О Р М У Л А О Е Р Х Э Д М
У С К О Р Е Н И Е А И К В А
Э Л Е К Т Р О Н П С М С И Г
Ж Я Я Ь О И Ч Ъ Л Ш И П Г Н
М Д И А Ь Ч Д Я О И Ч Е А Е
Е Е Ч Ы Т Ь Ь К Т Р Е Р Т Т
Х Р А С С А М Ш Н Е С И Е И
А Н Т О О Л Ц Ч О Н К М Л З
Н Ы О А Р У Л И С И И Е Ь М
И Й Т Х О К А Р Т Е Е Н Е Ж
К Г С У К Е Е Ф Ь С Ц Т Щ П
А З А Г С Л Х Ь У П А А К Е
Ъ А Ч Т А О М Ы М П Ч Ч Ь Х
Ц Ш Ъ О Я М О Т А Р О Е М Х
```

УСКОРЕНИЕ
АТОМ
ХАОС
ХИМИЧЕСКИЕ
ПЛОТНОСТЬ
ЭЛЕКТРОН
ДВИГАТЕЛЬ
РАСШИРЕНИЕ
ЭКСПЕРИМЕНТ
ФОРМУЛА

ЧАСТОТА
ГАЗ
МАГНЕТИЗМ
МАССА
МЕХАНИКА
МОЛЕКУЛА
ЯДЕРНЫЙ
ЧАСТИЦА
СКОРОСТЬ

32 - Dance

```
В Ы Р А З И Т Е Л Ь Н Ы Й Ч
Г Р А Ц И Я М Ю Т П Ю П Н Ц
Г А Т Р А Д О С Т Н Ы Й Й Н
А К А Д Е М И Я Ю Я Х Ж И У
Я И А З О П Т К Ж Т О П К А
М Т И Р П О У У Ю Ч Р В С Е
Ю Е Ф Л У Я И Ц И Т Е П Е Р
В Л В Ц Я Т М Ц Д П О П Ч Д
Л О Г Я Ф Ч Ь Л Х Ь Г А И Х
Э М О Ц И Я Н Л Е О Р Р С Р
Д В И Ж Е Н И Е У Б А Т С Д
И С К У С С Т В О К Ф Н А Б
К У Л Ь Т У Р Н Ы Й И Е Л Б
М У З Ы К А Г Б Ы Ж Я Р К Е
```

АКАДЕМИЯ
ИСКУССТВО
ТЕЛО
ХОРЕОГРАФИЯ
КЛАССИЧЕСКИЙ
КУЛЬТУРНЫЙ
КУЛЬТУРА
ЭМОЦИЯ
ВЫРАЗИТЕЛЬНЫЙ

ГРАЦИЯ
РАДОСТНЫЙ
ДВИЖЕНИЕ
МУЗЫКА
ПАРТНЕР
ПОЗА
РЕПЕТИЦИЯ
РИТМ

33 - Coffee

```
П Р О И С Х О Ж Д Е Н И Е Ф
Ж К Р Е М М М Г Ж Ш В В Т И
Р А Х А С П О О И Ф О Ы Б Л
А Н Р Ч Щ И Л Р Д В Д М К Ь
З Е П Е У Т О Ь К С А И М Т
Н Ц Ф Ф Н Ь Т К О Я У Н Л Р
О С Т П О Ы Ь И С Д К К Х У
О Ю Ь Г Я В Й Й Т Я У О В Т
Б Ч Е Р Н Ы Й А Ь О Л Ф Ч Р
Р Н А П И Т О К Р К М Е А О
А У Д О Ь Г Б Н Х О Ф И Ш Ю
З У Б Г С Я Л В Л Л М Н К Е
И Ц С Ф Ж С Ф Щ У О Н А А С
Е Б С Ъ О Д Я Ж Ф М Д В Т В
```

АРОМАТ	ЖИДКОСТЬ
НАПИТОК	МОЛОКО
ГОРЬКИЙ	УТРО
ЧЕРНЫЙ	ПРОИСХОЖДЕНИЕ
КОФЕИН	ЦЕНА
КРЕМ	ЖАРЕНЫЙ
ЧАШКА	САХАР
ФИЛЬТР	ПИТЬ
ВКУС	РАЗНООБРАЗИЕ
МОЛОТЬ	ВОДА

34 - Shapes

П	П	И	Ц	Г	Э	Л	Д	Д	Ъ	Ш	Н	Ж	К
Р	Р	Л	И	И	П	Л	И	Ж	С	М	К	Н	Т
И	Я	Ю	Л	П	Х	М	Л	Н	Б	У	Г	О	Л
З	М	У	И	Е	П	Д	Ш	И	И	А	У	Г	У
М	О	К	Н	Р	Л	Л	Д	Ю	П	Я	Р	И	Р
А	У	И	Д	Б	П	Ж	О	Я	Ь	С	К	Л	С
Г	Г	З	Р	О	И	Т	Ч	Щ	Ы	Н	Й	О	Ф
У	О	Г	Н	Л	Р	Б	Х	С	А	И	Ы	П	Е
Д	Л	И	А	А	А	Г	С	Ю	Н	Д	Н	Д	Р
Ь	Ь	Б	Ф	Ц	М	С	У	Н	О	К	Ь	Х	А
Б	Н	У	П	Р	И	У	Ч	Ш	Р	А	Л	О	Б
Р	И	К	Н	Ю	Д	Ж	М	К	О	Я	А	Р	К
Б	К	Ь	А	У	А	Ю	Ш	Л	Т	Ц	В	М	С
Р	Н	Н	Ф	С	Щ	Л	К	Х	С	Л	О	В	Б

ДУГА
КРУГ
КОНУС
УГОЛ
КУБ
ИЗГИБ
ЦИЛИНДР
КРАЯ
ЭЛЛИПС
ГИПЕРБОЛА
ЛИНИЯ
ОВАЛЬНЫЙ
ПОЛИГОН
ПРИЗМА
ПИРАМИДА
ПРЯМОУГОЛЬНИК
СТОРОНА
СФЕРА
ПЛОЩАДЬ

35 - Scientific Disciplines

```
Т Б И О Л О Г И Я Э О Ф Ъ М
Л Е Ъ Я Ю Я Х Л И К П И Я И
И Ы Р И Ы О Д Н М О П З И Н
Н Я И М А Ы Е Б И Л Х И Г Е
Г Ц Д И О С Ъ Б Х О Я О О Р
В Ф Е Х Ю Д Т Ы Р Г И Л Л А
И Ж Я О Т Ъ И Р Ш И Г О О Л
С Р Ь И Ц В Ш Н О Я О Г Н О
Т Ъ Р Б Г Г Л В А Н Л И У Г
И А Н А Т О М И Я М О Я М И
К Л Я Х Ж Б Л С Г Л И М М Я
А Ж У О Г О Ъ О К Е Ц К И Е
Я И Г О Л О Р В Е Н О Ф А Я
Б О Т А Н И К А Р Г С Ч Ж Г
```

АНАТОМИЯ
АСТРОНОМИЯ
БИОХИМИЯ
БИОЛОГИЯ
БОТАНИКА
ХИМИЯ
ЭКОЛОГИЯ
ГЕОЛОГИЯ

ИММУНОЛОГИЯ
ЛИНГВИСТИКА
МИНЕРАЛОГИЯ
НЕВРОЛОГИЯ
ФИЗИОЛОГИЯ
СОЦИОЛОГИЯ
ТЕРМОДИНАМИКА

36 - Science

```
Г И П О Т Е З А Ш Ы Д У Ю М
Л Ф О Х И М И Ч Е С К И Е Е
Р А О Р Ч А С Т И Ц Ы Х О Т
А М Б Л Г П Р И Р О Д А М О
С И Ц О Р А К П Ч В К Ь Е Д
Т Н Ж Я Р Т Н П Е Ы Н Н А Д
Е Е А Ф Т А М И Л К М У П С
Н Р Т Ш А Л Т Н З Ф И Ч О Д
И А О У К К Т О И М Т Е К П
Я Л М Г И О Т Ф Р Ы Ю Н С С
Ь Ы Ь Ы З Ж Т М Т И В Ы И Л
Б Х Ш Т И И Ъ К К С Я Й Ц Ш
Ъ Ф У П Ф Э В О Л Ю Ц И Я Г
Я Н Д Э К С П Е Р И М Е Н Т
```

АТОМ
ХИМИЧЕСКИЕ
КЛИМАТ
ДАННЫЕ
ЭВОЛЮЦИЯ
ЭКСПЕРИМЕНТ
ФАКТ
ИСКОПАЕМОЕ
ГИПОТЕЗА

ЛАБОРАТОРИЯ
МЕТОД
МИНЕРАЛЫ
ПРИРОДА
ОРГАНИЗМ
ЧАСТИЦЫ
ФИЗИКА
РАСТЕНИЯ
УЧЕНЫЙ

37 - Beauty

```
С Т И Л И С Т Д Г Т З О И Ф
Я А Ь Й Е Д Ш С Р Н Е Ч Р О
З Д Н И Я А Л С А М Р А Д Т
А А У К Н Ж Д Ж Ц П К Р У О
Н М П Д Щ О К Ъ И Ж А О К Г
А О М А С К Ж Ч Я Т Л В О Е
Ф П А Л Х Ъ Т Н Е Е О А С Н
Х Ц Ш Г Р Ш Я Ф И Б И Н М И
Ъ И В Х Ш Щ Ф Ю Ь Ц Х И Е Ч
Ч Г Д Е Е Ч Ц Ъ А Л Ы Е Т Н
Г У Ю К Т А Р О М А Т О И Ы
Э Л Е Г А Н Т Н Ы Й Ш Ю К Й
С С Т Щ П Р О Д У К Т Ы А Ъ
Б У Э Л Е Г А Н Т Н О С Т Ь
```

ОЧАРОВАНИЕ	МАСЛА
ЦВЕТ	ФОТОГЕНИЧНЫЙ
КОСМЕТИКА	ПРОДУКТЫ
КУДРИ	ЗАПАХ
ЭЛЕГАНТНОСТЬ	НОЖНИЦЫ
ЭЛЕГАНТНЫЙ	УСЛУГИ
АРОМАТ	ШАМПУНЬ
ГРАЦИЯ	КОЖА
ПОМАДА	ГЛАДКИЙ
ЗЕРКАЛО	СТИЛИСТ

38 - Clothes

М	М	Б	С	А	Н	Д	А	Л	И	И	Щ	В	Я
Ц	Ш	Н	Р	Ш	Л	Ш	Н	С	П	Х	Ы	Ь	К
Г	С	Н	Я	А	Ы	Т	Ю	Е	Б	Л	К	Ь	К
Б	И	Р	Ю	Ы	С	Н	И	Ж	Д	Х	Б	Е	В
Б	Ш	Ф	Ь	Ю	П	Л	Ю	Б	К	А	В	Ч	А
Р	Л	Ж	К	Я	Л	Е	Е	П	И	Ж	А	М	А
У	П	У	Д	О	А	Ь	Р	Т	Ъ	Л	К	И	Ф
Б	Е	О	З	Х	Т	Л	П	А	Л	Ь	Т	О	А
А	Р	Ж	У	А	Ь	Е	Е	Щ	Ц	В	Р	С	Р
Ш	Ч	Ю	Р	Ф	Е	Р	Ш	Я	Ж	У	У	В	Т
К	А	Ш	А	Р	Ф	Е	У	Л	А	Б	К	И	У
А	Т	Ъ	Щ	Л	Б	Ж	Х	Г	Я	О	Е	Т	К
И	К	Ю	Р	Б	М	О	Д	А	Ь	П	Ю	Е	О
И	И	Н	С	Е	П	О	Я	С	К	Щ	А	Р	Х

ФАРТУК   ДЖИНСЫ
ПОЯС   ОЖЕРЕЛЬЕ
БЛУЗА   ПИЖАМА
БРАСЛЕТ   БРЮКИ
ПАЛЬТО   САНДАЛИИ
ПЛАТЬЕ   ШАРФ
МОДА   РУБАШКА
ПЕРЧАТКИ   ОБУВЬ
ШЛЯПА   ЮБКА
КУРТКА   СВИТЕР

39 - Insects

Б	Х	Б	Ц	Ы	Б	Ц	Т	Ш	Ь	Е	Е	Е	Е
О	С	Ь	Х	Х	Л	И	Й	Е	В	А	Р	У	М
Ж	И	Р	А	М	О	К	У	Ж	Р	Ц	У	Д	Ь
Ь	И	Щ	С	Г	Х	А	Ш	Ю	Е	М	Ы	О	Х
Я	Л	М	О	П	А	Д	Р	Ш	Ч	Е	И	Д	Ъ
К	Т	Я	И	Я	Т	А	З	О	К	Е	Р	Т	С
О	И	А	Л	И	Ч	И	Н	К	А	Б	Б	Ш	Ш
Р	Т	Л	Р	Т	А	Х	Г	И	Ч	А	О	Е	Ю
О	Ь	Е	Ф	А	Ф	Л	П	Ч	Н	Б	Г	Р	Щ
В	Л	Ч	Ф	Х	К	И	Ь	Е	А	О	О	Ш	Я
К	У	П	Щ	К	Щ	А	Ч	Н	Р	Ч	М	Е	В
А	Б	Р	Ц	Л	У	Х	Н	З	А	К	О	Н	Ъ
А	Ы	Ы	А	С	Г	Ш	Н	У	С	А	Л	Ь	Ъ
И	П	Щ	Ъ	Ъ	Г	М	Ф	К	О	Ы	Ж	М	К

МУРАВЕЙ
ТЛЯ
ПЧЕЛА
ЖУК
БАБОЧКА
ЦИКАДА
ТАРАКАН
СТРЕКОЗА
БЛОХА
КУЗНЕЧИК

ШЕРШЕНЬ
БОЖЬЯ КОРОВКА
ЛИЧИНКА
САРАНЧА
БОГОМОЛ
КОМАР
ТЕРМИТ
ОСА
ЧЕРВЬ

40 - Astronomy

```
Ъ Ь С О З В Е З Д И Е Ж Ь Ц
З А Т М Е Н И Е Р О Е Т Е М
И Ф Ц С О М С О К А Ь А И Л
М Х Д И О Р Е Т С А К Г П Ф
О Ь В М О Н О Р Т С А Е У Г
Я Л М Е З М Н И Б Р Г Р Т Ш
Ж У Ю Р Ъ Ъ Л А Б Д Ц С Л А
Ю Н З О Д И А К М Ц Щ Ф Ш Ъ
Р А П Л А Н Е Т А У Ж М П Д
С В Е Р Х Н О В А Я Т Я Ц Н
Ж В Н Г А Л А К Т И К А Ы М
Р Д Щ Е А С Т Р О Н А В Т С
Ч М Ы Ю Б И З Л У Ч Е Н И Е
Ь П Ы Ж П О С П У Т Н И К С
```

АСТЕРОИД
АСТРОНАВТ
АСТРОНОМ
СОЗВЕЗДИЕ
КОСМОС
ЗЕМЛЯ
ЗАТМЕНИЕ
ГАЛАКТИКА
МЕТЕОР

ЛУНА
ТУМАННОСТЬ
ПЛАНЕТА
ИЗЛУЧЕНИЕ
РАКЕТА
СПУТНИК
НЕБО
СВЕРХНОВАЯ
ЗОДИАК

41 - Health and Wellness #2

```
Е К Р О В Ь Э Н Е Р Г И Я Г
Б О Л Ь Н И Ц А Ж Ю А Я У И
В Ш М Ц Ю В А П П Е Т И Т Г
Л Е Ю Щ Д Г К М Ъ И Е Р Я И
Н Ж С Н П В И Ж Ж Н И О И Е
И А Я И М О Т А Н А Д Л Ц Н
М С С Р Б Щ Е Щ Ш Т Л А К А
А С Ю Т Б П Н И П И Е К Е М
Т А С Щ Р С Е Ф Щ П П Ъ Ф Ю
И М Т О В О Г Б О Л Е З Н Ь
В О Р Х Ю П Е В Д Ы Ч О И Х
И А Е Р Л Щ Х Н Ъ Ь Б О С Ш
Р Ч С Б А Е Т О И Д В Ч Ц Ч
П Л С Д К Я И Г Р Е Л Л А А
```

АЛЛЕРГИЯ	БОЛЬНИЦА
АНАТОМИЯ	ГИГИЕНА
АППЕТИТ	ИНФЕКЦИЯ
КРОВЬ	МАССАЖ
КАЛОРИЯ	НАСТРОЕНИЕ
ДИЕТА	ПИТАНИЕ
БОЛЕЗНЬ	СТРЕСС
ЭНЕРГИЯ	ВИТАМИН
ГЕНЕТИКА	ВЕС

42 - Time

Е	С	К	Ш	Ф	Р	Ш	Ь	Р	П	Ж	Г	Б	Д
Ь	Ю	А	Н	А	М	А	Т	У	Н	И	М	Ц	У
П	П	Л	М	У	У	Ь	Н	Ч	А	С	Ы	Е	Ы
О	У	Е	Д	Е	М	Ц	Р	О	Ъ	Х	К	С	Ю
Л	Н	Н	Н	Р	Р	И	Ю	Р	П	М	Д	У	Ч
Д	А	Д	О	Г	С	Е	Г	О	Д	Н	Я	Я	Т
Е	С	А	Н	Р	А	А	Б	К	Д	К	Я	Р	Р
Н	Х	Р	У	Т	Ч	Г	Ч	С	Р	М	Л	Г	Ю
Ь	М	Ь	Т	Я	Й	Ы	Н	Д	О	Г	Е	Ж	Е
Д	Е	П	Р	Ы	Е	Щ	Ц	Е	Л	М	Д	Н	Ф
Щ	С	Ф	О	М	С	Ф	Д	Н	Ч	Ч	Е	А	Щ
О	Я	О	С	И	Т	Ъ	Х	Ь	Ч	О	Н	П	И
Я	Ц	Б	У	Д	У	Щ	Е	Е	Я	Ъ	В	Е	К
Д	Е	С	Я	Т	И	Л	Е	Т	И	Е	Е	И	А

ЕЖЕГОДНЫЙ
ДО
КАЛЕНДАРЬ
ВЕК
ЧАСЫ
ДЕНЬ
ДЕСЯТИЛЕТИЕ
РАНО
БУДУЩЕЕ
ЧАС

МИНУТА
МЕСЯЦ
УТРО
НОЧЬ
ПОЛДЕНЬ
СЕЙЧАС
СКОРО
СЕГОДНЯ
НЕДЕЛЯ
ГОД

43 - Buildings

```
Ф Д К С Г С Щ Т Х П Н Я П Б
Ь Н Т Т У М К Ч Ю У Ъ А О
З Ю Ч А Е П Ч Ю Ц Ь Ш Х Л Л
А Х К Д А Е Ш К О Л А Б А Ь
В Л Е И Т Р С Щ Н Е М А Т Н
О В Н О Р М Ц У И Т Р Ш К И
Д Ч Ю Н Ч А Б Ч К О Е Н А Ц
М У З Е Й Р Х Ж Г Я Ф Я Х А
К Г Н Ч О К З А М О К Д А Ф
Е И Т И Ж Е Щ Б О К Н Ъ М Т
У Я И Р О Т А Р О Б А Л Б Х
П О С О Л Ь С Т В О Ь М А Г
О Б С Е Р В А Т О Р И Я Р Н
К В А Р Т И Р А Ь Ж О Р Ч Х
```

КВАРТИРА
АМБАР
ЗАМОК
КИНО
ПОСОЛЬСТВО
ЗАВОД
ФЕРМА
БОЛЬНИЦА
ОБЩЕЖИТИЕ
ОТЕЛЬ

ЛАБОРАТОРИЯ
МУЗЕЙ
ОБСЕРВАТОРИЯ
ШКОЛА
СТАДИОН
СУПЕРМАРКЕТ
ПАЛАТКА
ТЕАТР
БАШНЯ

44 - Philanthropy

Г	Ш	Л	Щ	И	М	О	Л	О	Д	Е	Ж	Ь	П
У	О	В	Т	С	Е	Ч	Е	В	О	Л	Е	Ч	Р
И	Д	Б	Л	Т	П	Я	Ц	М	Н	М	И	Щ	О
С	С	Т	Ч	О	Ц	Р	Ъ	Н	Ж	Д	Ф	Ю	Б
Х	О	Ф	Ж	Р	Ь	Ф	О	Н	У	Е	О	У	Л
Ь	Ъ	О	Л	И	Г	Ю	И	Г	Н	Т	Н	Я	Е
Л	Б	Я	Б	Я	Е	Ь	П	Х	Р	И	Д	В	М
Ч	Ж	Щ	Ф	Щ	Н	Д	И	К	Ц	А	Ы	Д	Ы
Г	Е	Ц	Щ	К	Е	Л	Ю	Д	И	Т	М	Р	Ц
Р	Х	Ч	Щ	Ь	Т	С	О	Р	Д	Е	Щ	М	Я
У	М	И	С	С	И	Я	Т	Ц	П	Ч	Г	Д	Ы
П	Ф	И	Н	А	Н	С	Ы	В	Е	Ч	Т	Г	Ж
П	Р	Й	Ы	Н	Ь	Л	А	Б	О	Л	Г	Ж	Ф
Ы	Т	К	А	Т	Н	О	К	Т	Я	Ъ	И	Д	О

ПРОБЛЕМЫ
ДЕТИ
СООБЩЕСТВО
КОНТАКТЫ
ФИНАНСЫ
ФОНДЫ
ЩЕДРОСТЬ
ГЛОБАЛЬНЫЙ
ЦЕЛИ

ГРУППЫ
ИСТОРИЯ
ЧЕЛОВЕЧЕСТВО
МИССИЯ
НУЖНО
ЛЮДИ
ПРОГРАММЫ
МОЛОДЕЖЬ

45 - Gardening

```
Б О Т А Н И Ч Е С К И Й П С
К Ш Ы Н Н Ц Г Ъ Ю К Щ Ц О А
С Л Ч Т Г А Р М Г О Е В Ч Д
Е А И Г Г Ф Я Ф В Н Ф Е В У
З Г Б С Л Л З Т И Т Н Т А Ц
О Л Ъ П Т И Ь Н Д Е Ш О М В
Н Я Ы В Ж В С К И Й Л Ч П Е
Н Л В Т Ю Н А Т М Н А Н Н Т
Ы К О М П О С Т Ц Е Н Ы Щ Е
Й Я А К Б У Щ Ж Г Р Г Й Щ Н
Т Ы Я Г С Ъ Е Д О Б Н Ы Й И
К Л И М А Т Е К У Б И У У Е
В О Д А Щ Л А Ч С Е М Е Н А
Я П У Ж Н Ь В Е Я В Ь У Ж Н
```

ЦВЕТЕНИЕ	ШЛАНГ
БОТАНИЧЕСКИЙ	ЛИСТ
БУКЕТ	ВЛАГА
КЛИМАТ	САД
КОМПОСТ	СЕЗОННЫЙ
КОНТЕЙНЕР	СЕМЕНА
ГРЯЗЬ	ПОЧВА
СЪЕДОБНЫЙ	ВИД
ЦВЕТОЧНЫЙ	ВОДА
ЛИСТВА	

46 - Herbalism

М	И	Ы	Ф	Ч	Б	А	З	И	Л	И	К	М	В
Ю	Х	М	А	Е	Е	К	А	Д	Н	А	В	А	Л
Г	Р	Ш	О	Ч	Н	С	Р	Ц	Р	В	Ъ	Й	В
Ж	Я	Ч	Б	Т	Щ	Х	Н	Ь	Ц	Щ	Е	О	К
Ш	Д	Ъ	К	Я	Ж	Ъ	Е	О	У	Т	Ъ	Р	У
В	Ы	Г	О	Д	Н	Ы	Й	Л	К	Л	Н	А	С
М	У	С	Т	М	В	Д	П	Ъ	Ь	Б	И	Н	Д
Е	И	Н	Е	Т	С	А	Р	У	И	Д	Р	Т	П
Ч	А	Ж	В	Г	Ш	А	О	Р	Е	Г	А	Н	О
Ш	Ь	И	Ц	Г	Б	И	Д	Р	Б	Г	М	Ч	Х
К	У	Л	И	Н	А	Р	Н	Ы	Й	Г	З	Р	А
З	Е	Л	Е	Н	Ы	Й	Б	Я	Х	А	О	Ъ	Я
М	Я	Т	А	Р	Ь	Ю	Ю	Ш	А	Ф	Р	А	Н
С	О	И	Н	Г	Р	Е	Д	И	Е	Н	Т	Д	Ч

БАЗИЛИК
ВЫГОДНЫЙ
КУЛИНАРНЫЙ
ФЕНХЕЛЬ
ВКУС
ЦВЕТОК
САД
ЧЕСНОК
ЗЕЛЕНЫЙ

ИНГРЕДИЕНТ
ЛАВАНДА
МАЙОРАН
МЯТА
ОРЕГАНО
РАСТЕНИЕ
РОЗМАРИН
ШАФРАН

47 - Vehicles

Ч	А	О	Л	П	Г	Е	Т	Е	Л	О	М	А	С
Е	В	Ъ	Ы	Ь	Л	И	Г	Р	О	Т	О	М	Ы
Л	Т	Н	Ж	Л	Л	О	И	Б	А	К	Д	О	Л
Н	О	Р	Т	Е	М	Т	Т	Щ	В	К	Н	Ь	Ц
О	М	П	Ю	Т	Ж	Л	Ь	Ю	Л	И	Т	Е	Ь
К	О	Д	М	А	К	А	Р	А	В	А	Н	О	Ю
Щ	Б	И	О	Г	О	Е	Е	А	Т	Е	К	А	Р
П	И	Ы	Н	И	Ш	Л	Т	Ы	А	Ы	Б	Ч	Е
О	Л	П	П	В	Ч	Щ	У	Ч	К	Ц	Г	Н	Ь
Е	Ь	Л	А	Д	Б	Е	К	М	С	М	С	Ч	Я
З	Г	Ъ	И	Р	П	Ь	С	Г	И	Н	Г	Ь	Ч
Д	В	Ы	Е	Ы	О	В	Е	Р	Т	О	Л	Е	Т
Щ	У	Д	У	Х	С	М	А	В	Т	О	Б	У	С
Ъ	С	Ч	Ц	Ъ	В	Е	Л	О	С	И	П	Е	Д

САМОЛЕТ
ВЕЛОСИПЕД
ЛОДКА
АВТОБУС
АВТОМОБИЛЬ
КАРАВАН
ДВИГАТЕЛЬ
ПАРОМ
ВЕРТОЛЕТ
МОТОР

ПЛОТ
РАКЕТА
СКУТЕР
ЧЕЛНОК
МЕТРО
ТАКСИ
ШИНЫ
ТРАКТОР
ПОЕЗД

48 - Flowers

```
Л М Т Ю Л Ь П А Н М Щ О О П
И А Я Ъ Ж Т Е К У Б С Р Д О
Л К М Щ Ж Ш Н О И П У Х У Д
И Ф И У Щ Д Ж Т О Я Ь И В С
Я У Н С А Ж А С М И Н Д А О
Р Е В Е Л К З Е Д Н Е Е Н Л
Ю Ю О Щ У Ж О П А Е Р Я Ч Н
Ф Ц С Д Д Ю Р Е Ш Д И Н И У
Л А В А Н Д А Л П Р С И К Х
П Л Ю М Е Р И Я И А Б Н Х М
Х Ъ М Я Л У Ф Ю Д Г У О О Р
Д М Д Л А М А Г Н О Л И Я У
Ч А С У К С И Б И Г Ф Т О И
М А Р Г А Р И Т К А У Ю Ш Р
```

БУКЕТ	ЛИЛИЯ
КАЛЕНДУЛА	МАГНОЛИЯ
КЛЕВЕР	ОРХИДЕЯ
МАРГАРИТКА	ПИОН
ОДУВАНЧИК	ЛЕПЕСТОК
ГАРДЕНИЯ	ПЛЮМЕРИЯ
ГИБИСКУС	МАК
ЖАСМИН	РОЗА
ЛАВАНДА	ПОДСОЛНУХ
СИРЕНЬ	ТЮЛЬПАН

49 - Health and Wellness #1

```
Ю Ф Ч В А Е Ь Д О Л О Г В К
Я У И А К Е Т П А Е Ц Е Е В
Ю П Б Ы Ч Т А А В Ч С Н Ь Р
Г Н И Т Ы Ц Ш Ы М Е Г Ч Л Щ
О М Т Ь В Я Ы А К Н В Ъ К Ь
Р Ц С Е И И Д С М И Б М Р П
М Б О Х Р Ц Ч Т М Е Ш Я Е Е
О А К К П А К И Н И Л К Ф Р
Н К Г О Г С П В В Р А Ч Л Е
Ы Т В Ж С К Л И Ы А Б Б Е Л
В Е И А В А Л Ж Я С Р Ф К О
Р Р Р Ь Ц Л А Н Ф Ц О М С М
Е И У О П Е Й Ы Н В И Т К А
Н И С С П Р Р Ь К Б Ф П А Б
```

АКТИВНЫЙ
БАКТЕРИИ
КОСТИ
КЛИНИКА
ВРАЧ
ПЕРЕЛОМ
ПРИВЫЧКА
ВЫСОТА
ГОРМОНЫ
ГОЛОД

МЫШЦЫ
НЕРВЫ
АПТЕКА
РЕФЛЕКС
РЕЛАКСАЦИЯ
КОЖА
ТЕРАПИЯ
ДЫШАТЬ
ЛЕЧЕНИЕ
ВИРУС

50 - Town

М	У	З	Е	Й	П	Т	Р	О	П	О	Р	Э	А
Я	Я	Р	Ф	В	Ю	У	Ь	Л	Е	Т	О	Х	Х
Т	Е	У	А	К	Е	Т	П	А	К	О	Н	Ы	Р
Е	Р	У	К	Д	Ц	Р	А	А	А	Д	И	Ш	Т
К	Е	Б	Н	М	А	Л	Ы	Х	Р	Ъ	З	Ъ	А
Р	Л	М	И	И	Ш	Г	Р	Б	Н	Г	А	Ъ	Е
А	А	И	С	Б	В	Ы	А	А	Я	О	Г	Ю	Т
М	Г	З	Н	Ъ	Л	Е	Ь	Н	И	Е	А	Ф	С
Р	К	О	О	И	Ю	И	Р	К	С	Д	М	К	И
Е	М	О	И	Л	К	Я	О	С	Б	В	Ь	И	Р
П	И	П	Д	Ф	Щ	А	И	Т	И	Щ	Г	Н	О
У	П	А	А	Л	О	К	Ш	Я	Е	Т	Л	О	Л
С	Ъ	Р	Т	И	Ь	К	Х	И	И	К	Е	Е	Ф
С	Ы	К	С	А	Ж	С	К	Б	Ж	В	А	Т	А

АЭРОПОРТ	РЫНОК
ПЕКАРНЯ	МУЗЕЙ
БАНК	АПТЕКА
КАФЕ	ШКОЛА
КИНО	СТАДИОН
КЛИНИКА	МАГАЗИН
ФЛОРИСТ	СУПЕРМАРКЕТ
ГАЛЕРЕЯ	ТЕАТР
ОТЕЛЬ	УНИВЕРСИТЕТ
БИБЛИОТЕКА	ЗООПАРК

51 - Antarctica

```
Е А Ю Я Л Я Н Ы Е Х М С Т Т
Э К С П Е Д И Ц И Я И К Е О
О Ч З Х В Ь К Ж Н И Н А М П
Л О Д А В Ж А Л Е Ц Е Л П О
Н Т О О Л К Д Е Н А Р И Е Г
А Х О Б С И О Д А Р А С Р Р
У У П Л Т С В Н Р Г Л Т А А
Ч Б Т А Б Х У И Х И Ы Т Ф
Н И И К А Ф Ф К О М Ш Й У И
Ы О Ц А Ф Ь Ц И С Я П Ш Р Я
Й Ь Ы Г Е О Г Р А Ф И Я А Х
И С С Л Е Д О В А Т Е Л Ь Л
П О Л У О С Т Р О В Д Ъ Е Е
О С Т Р О В А Я Ч Ь П М Е Д
```

ЗАЛИВ
ПТИЦЫ
ОБЛАКА
СОХРАНЕНИЕ
БУХТОЧКА
ЭКСПЕДИЦИЯ
ГЕОГРАФИЯ
ЛЕДНИКИ
ЛЕД
ОСТРОВА

МИГРАЦИЯ
МИНЕРАЛЫ
ПОЛУОСТРОВ
ИССЛЕДОВАТЕЛЬ
СКАЛИСТЫЙ
НАУЧНЫЙ
ТЕМПЕРАТУРА
ТОПОГРАФИЯ
ВОДА

52 - Ballet

```
И И Н О Р К Е С Т Р Т Ш П Б
К Н М А Я И Ц И Т Е П Е Р А
О Т Т К В О В А У Р Н П А Л
Р Е И Е Ш Ы Р О Ц Н А Т К Е
У Х Р Ш Н Т К Д П Т Б Ь Т Р
Ч Н Ь С Ц С М У З Ы К А И И
Ц Ь Ь А Ц Е И Ъ Щ Ъ Х М К Н
Ж К К Д Ь Ж И В Ш С У Щ А А
У А Ю Ш Л К А Л Н Н Ц П Т А
М Л М Я И Ф А Р Г О Е Р О Х
К Ы П П Т Ф Ц А Ж Л С В Ш Ц
Х У Ш Ч С Ц М В Ц О В Т Ф Ю
О Т О Ц Ы Н Я Д С С Д Ы Ь Ж
Г Ы Д А Ы А У Д И Т О Р И Я
```

АУДИТОРИЯ
БАЛЕРИНА
ХОРЕОГРАФИЯ
ТАНЦОРЫ
ЖЕСТ
ИНТЕНСИВНОСТЬ
УРОКИ
МЫШЦЫ
МУЗЫКА

ОРКЕСТР
ПРАКТИКА
РЕПЕТИЦИЯ
РИТМ
НАВЫК
СОЛО
СТИЛЬ
ТЕХНИКА

53 - Fashion

```
А И В Я Т Щ Й Э К И Т У Б Т
Ж З Ы Г Е У И Л К Н Е Ф Ш К
Щ М Ш В К Д К Е Р Щ О Ъ Ч А
Б Е И Й С О С Г У У М П Р Н
М Р В Ы Т Б Е А Ж Ь Ю К Ь
И Е К Н У Н Ч Н Е Ш Я Щ Н И
Н Н А М Р Ы И Т В Ж В Ф Ь О
И И У О А Й Т Н О Е В Т В Ж
М Я Г Р К С К Ы С Т И Л Ь Я
А Е Щ К Г Ш А Й О Д Е Ж Д А
Л Щ Г С О В Р Е М Е Н Н Ы Й
И Ю К Ы И И П Ш А Б Л О Н Д
С О Р И Г И Н А Л А Ч Ю Ь П
Т Д О Р О Г О Й Л Ш Ъ Х Ь Б
```

БУТИК
КНОПКИ
ОДЕЖДА
УДОБНЫЙ
ЭЛЕГАНТНЫЙ
ВЫШИВКА
ДОРОГОЙ
ТКАНЬ
КРУЖЕВО

ИЗМЕРЕНИЯ
МИНИМАЛИСТ
СОВРЕМЕННЫЙ
СКРОМНЫЙ
ОРИГИНАЛ
ШАБЛОН
ПРАКТИЧЕСКИЙ
СТИЛЬ
ТЕКСТУРА

54 - Human Body

```
П Щ М К Ш М Г О Л О В А Ц Ь
Л О Н Е Л О К Ф П А Л Е Ц Ъ
О Х Д С К З Д Г Ш Ж У Е Ь Ж
Д О Н Б Е Г А Б Щ О Х Р Т Ж
Ы С Ь В О Р К Ц Ь К О Д О И
Ж Ч У Ъ А Р Д К К Ю Ь В К Т
К М Е Щ П Б О Ц И Л С Л О С
А К П Ч Ь Е Б Д Е Е Н Щ Л О
Н Ъ Т Г Т Ч Ь И О А В Х Т К
О В Ш Г С Ф А И Ъ К Я Н О С
Г О Д Ш Ю Х С Ф Ч У М Ж Г Ч
А В Л П Л Ф А Е А Р Н Ф Ш Е
Д О П Л Е Ч О Ш О Ж Ш Щ Е Ф
С Ф Ъ Ю Ч Щ П Д Р Л Ш О Я Ы
```

ЛОДЫЖКА	ГОЛОВА
КРОВЬ	СЕРДЦЕ
КОСТИ	ЧЕЛЮСТЬ
МОЗГ	КОЛЕНО
ПОДБОРОДОК	НОГА
УХО	РОТ
ЛОКОТЬ	ШЕЯ
ЛИЦО	НОС
ПАЛЕЦ	ПЛЕЧО
РУКА	КОЖА

55 - Musical Instruments

Ю	Г	С	К	Р	И	П	К	А	А	Н	Н	Ч	М
А	О	О	Ж	Д	Н	А	Б	Ф	Б	Р	О	Ж	А
В	Т	Н	Б	Б	Б	У	Щ	Т	М	Б	Ф	Т	Н
Г	К	Щ	И	О	И	Е	Т	Л	И	Т	О	А	Д
Б	У	Б	Е	Н	Й	Ъ	Ь	Т	Р	Р	С	Т	О
М	И	Ц	Ж	А	Б	Ю	А	А	У	К	Й	Л
Я	Г	И	Г	Л	Л	И	Б	Я	М	Б	А	Е	И
Л	П	Т	О	Г	А	Ф	П	Н	Ж	А	С	Л	Н
К	Щ	Д	Н	А	Б	А	Р	А	Б	Р	Г	Ф	А
Ф	Х	К	Г	К	Л	А	Р	Н	Е	Т	И	Ж	Ц
Т	Р	О	М	Б	О	Н	Х	М	Х	Н	Т	Ш	М
П	Е	Р	К	У	С	С	И	Я	А	П	А	Т	Ц
Г	А	Р	М	О	Н	И	К	А	Ф	Ъ	Р	Ж	И
Е	В	И	О	Л	О	Н	Ч	Е	Л	Ь	А	Л	В

БАНДЖО
ФАГОТ
ВИОЛОНЧЕЛЬ
КЛАРНЕТ
БАРАБАН
ФЛЕЙТА
ГОНГ
ГИТАРА
ГАРМОНИКА
АРФА

МАНДОЛИНА
МАРИМБА
ГОБОЙ
ПЕРКУССИЯ
ПИАНИНО
САКСОФОН
БУБЕН
ТРОМБОН
ТРУБА
СКРИПКА

56 - Fruit

```
А Х В Д И Щ Н Т Я Й А П А П
В Д С О К И Р Б А Б Е Д Ж Д
О Щ О Г Н А М Н Ю И Л Ж Ц А
К Ц К Г К К Щ Е Ш Х Б О М Р
А Д О К Я Л Г К Л П Д С К Г
Д Г К И Ъ Я Б Т Ш С Н А Ж О
О У Ь В Ъ Т К А Ц В Е Н Ь Н
И А Р И Ж Н И Р М Д И Б Ж И
В В Г А Н Ж С И А Г Л Ш С В
С А Н А Н А Р Н Л Ъ С Г Н Е
Г Р У Ш А У Е О И Е Ш Ф А Я
Ф С Ш А К Е П М Н А Л Ъ Н Н
Ы Ь Ц Л Ф Ш Г И А Р Ц М А Ы
Ж А Ч Ж Н Т Щ Л Р А Ш Ю Б Д
```

ЯБЛОКО	КИВИ
АБРИКОС	ЛИМОН
АВОКАДО	МАНГО
БАНАН	ДЫНЯ
ЯГОДА	НЕКТАРИН
ВИШНЯ	ПАПАЙЯ
КОКОС	ПЕРСИК
ИНЖИР	ГРУША
ВИНОГРАД	АНАНАС
ГУАВА	МАЛИНА

57 - Engineering

```
Ш Д Ю В Ш И О С Д Х Ц С К М
Е И А Ю Ы Щ Л Т И Х Б Т Д О
С З Ь Х Ц Х С Ц Б Л Р Р И Т
Т Е Ш С Г Ц Щ Ж Ъ Д А О А О
Е Л Ь С О С Ж Н Д Л П И Г Р
Р Ь Л О Г У С Х Ч Г Щ Т Р Р
Н Ъ Е И Н Е Р Е М З И Е А Ы
И Ь Т С О К Д И Ж Е Н Л М Ч
Ы Ъ А Н И Ш А М О Ц Р Ь М А
Я И Г Р Е Н Э Ж Т Д Ы С А Г
Т Д И А М Е Т Р Е Ю Ц Т Ш И
К Ъ В Р А С Ч Е Т П Ш В Ю Ц
В М Д Ч Г Л У Б И Н А О Х Г
С Т А Б И Л Ь Н О С Т Ь Х А
```

УГОЛ
ОСЬ
РАСЧЕТ
СТРОИТЕЛЬСТВО
ГЛУБИНА
ДИАГРАММА
ДИАМЕТР
ДИЗЕЛЬ
ЭНЕРГИЯ

ДВИГАТЕЛЬ
ШЕСТЕРНИ
РЫЧАГИ
ЖИДКОСТЬ
МАШИНА
ИЗМЕРЕНИЕ
МОТОР
СТАБИЛЬНОСТЬ
СИЛА

58 - Kitchen

```
С Ш Ж Х Б А Н К А Р Ц В Ю Ц
Ъ А Д Ы О К Б Ю Ь М Х Т Л Ь
Ю Я Л Д Ь Л И Р Г Ъ Л С О Е
А Р П Ф Л Ж О Ю Ш Н Ы П Ж Ф
Д Н Ъ Ю Е Е О Д Я Ь У Е К Е
К О В Ш В Т Ь М И Д Т Ц И С
Ч Ю К Ь И П К Ю Ж Л Е И Ь Ш
Б А Г Е Л Е У А О Ч Ь И Т Р
И Ь Й Т К Ц Т Г Н А Ч Н Ч Т
Е Е Л Н И Е Р У Т Ш Е Ж И Ь
Ч А Ш А И Р А Б Т К П В Ъ К
Ф О Я Ф Л К Ф К Н И Ш В У К
Р О Ф Ч Ы Р К А Р В С Ы А Ч
М О Р О З И Л К А Е Д А Ю Ш
```

ФАРТУК
ЧАША
ЧАШКИ
ЕДА
ВИЛКИ
МОРОЗИЛКА
ГРИЛЬ
БАНКА
КУВШИН
ЧАЙНИК

НОЖИ
КОВШ
САЛФЕТКА
ПЕЧЬ
РЕЦЕПТ
ХОЛОДИЛЬНИК
СПЕЦИИ
ГУБКА
ЛОЖКИ

59 - Government

```
Г О Б С У Ж Д Е Н И Е Ь П Н
П Р З А К О Н Ф В Р Ы Т А А
О Е А Ж В Н О Й А Р Ы С М Ц
Л Д М Ж В Ж В Я Я Ъ Ь О Я И
И И И С Д К Т Ь Ь Л Е М Т О
Т Л Р В Ц А С Ж Ч Ц Щ И Н Н
И В Н О Й Ы Н Б Е Д У С И А
К Д Ы Б Ь Б Е С Р Ж У И К Л
А В Й О Х Ф В П К Ъ К В Ш Ь
Х Ч Ч Д Т У А Д Я И Ц А Н Н
М Е Б А Ы Ы Р К Ь И Й З Ш Ы
К О Н С Т И Т У Ц И Я Е Щ Й
Г Р А Ж Д А Н С Т В О Н Б К
Д Е М О К Р А Т И Я К Е М Л
```

ГРАЖДАНСТВО
ГРАЖДАНСКИЙ
КОНСТИТУЦИЯ
ДЕМОКРАТИЯ
ОБСУЖДЕНИЕ
РАЙОН
РАВЕНСТВО
НЕЗАВИСИМОСТЬ
СУДЕБНЫЙ

ЗАКОН
ЛИДЕР
СВОБОДА
ПАМЯТНИК
НАЦИЯ
НАЦИОНАЛЬНЫЙ
МИРНЫЙ
ПОЛИТИКА
РЕЧЬ

60 - Art Supplies

```
Ф И Х И К С А Р К И Д Е И Г
Ю И В Е А Т Е В Ц П Н К Ы Ь
А Я Х К У О К О Т Ы А Ф Б И
М П О Л Ч Л У Т С А Ь Х Г Л
А Б Ь Е К А Р А Н Д А Ш И А
С Д Л Й Х Ш Х Л Ф К Г И И С
Л Ь О Ц Т Щ Г Л И Н А Т Ч Т
О Н Г В А Р Е М А К М И Е И
У Ц У Ю Я Л О Т В Щ У К Р К
Ц Й Ы В О Л И Р К А Б Л Н Е
М О Л Ь Б Е Р Т Р И Ь Х И Ц
К Р Е А Т И В Н О С Т Ь Л Ь
А К В А Р Е Л И Г Ч Щ П А Х
К Б Ч Ъ Ф В П Щ У А Ь Щ Р К
```

АКРИЛОВЫЙ
ЩЕТКИ
КАМЕРА
СТУЛ
УГОЛЬ
ГЛИНА
ЦВЕТА
КРЕАТИВНОСТЬ
МОЛЬБЕРТ
ЛАСТИК

КЛЕЙ
ИДЕИ
ЧЕРНИЛА
МАСЛО
КРАСКИ
БУМАГА
КАРАНДАШИ
СТОЛ
ВОДА
АКВАРЕЛИ

61 - Science Fiction

А	Т	О	М	Н	Ы	Й	Н	Л	У	У	Ш	И	О
К	А	М	И	Н	И	А	Ъ	К	Т	Ж	С	Л	Р
Й	Ы	М	Е	А	Ж	А	Р	Б	О	О	В	Л	А
У	Т	Н	И	Е	В	Е	Н	Е	П	Т	Г	Ю	К
В	О	Н	А	Ц	Ь	С	Ш	И	И	Е	А	З	У
Ы	Б	Б	Х	М	В	Н	С	Т	Я	Х	Л	И	Л
Ж	О	Я	И	П	О	Т	У	И	Т	Н	А	Я	П
Ы	Р	Л	С	В	Ы	Р	Е	Д	Л	О	К	Ч	Л
И	Д	Ш	К	З	Ь	Т	Щ	Г	У	Л	Т	Ю	А
К	Л	А	А	Р	Л	Л	Ь	И	О	О	И	Б	Н
Ъ	Л	Ы	Ж	Ы	К	И	Н	О	Г	Г	К	У	Е
К	Я	О	Р	В	М	Ь	Щ	Ж	О	И	А	Ю	Т
П	Г	Ь	Н	Д	И	А	М	Т	Н	Я	Н	Л	А
Ы	М	О	А	Ы	Р	Ш	С	Ю	Ь	С	Л	К	Ы

АТОМНЫЙ
КНИГИ
КИНО
КЛОНЫ
АНТИУТОПИЯ
ВЗРЫВ
ОГОНЬ
ГАЛАКТИКА
ИЛЛЮЗИЯ

ВООБРАЖАЕМЫЙ
РОМАНЫ
ОРАКУЛ
ПЛАНЕТА
РОБОТЫ
ТЕХНОЛОГИЯ
УТОПИЯ
МИР

62 - Geometry

```
А С С А М К Ь К Д У Т М Н
Ч А И Х Т Ц Т Р П Р Р В Р
П К Ш М У У Б С А Ж А Е Д Д
У И С Л М Г А О С Ш В У Г М
П Г Б К Е Е И Н Ч Н Н Г М Ъ
Р О О Ь Л И Т Х Е О Е О Е Д
О Л Л Ю З Н Р Т Д Н Л Д Д
П Ь С Е Т Г Е Е И Д Ь И Д
О Ч И Л Т И М В Р Я Е Н А Т
Р Ъ Ч Л Ч Б Г О Н Е Д И Н Е
Ц Х К А Ш Р Е П Д Н М К А О
И С Б Р Ъ Р С Б Р Д Ы З Р Р
Я М Ю А Т О С Ы В Ы О П И И
А Г В П Д И А М Е Т Р Ш Г Я
```

УГОЛ
РАСЧЕТ
КРУГ
ИЗГИБ
ДИАМЕТР
ИЗМЕРЕНИЕ
УРАВНЕНИЕ
ВЫСОТА
ЛОГИКА
МАССА
МЕДИАНА
ЧИСЛО
ПАРАЛЛЕЛЬ
ПРОПОРЦИЯ
СЕГМЕНТ
ПОВЕРХНОСТЬ
СИММЕТРИЯ
ТЕОРИЯ
ТРЕУГОЛЬНИК

63 - Airplanes

```
В П Н Е И Н Е Л В А Р П А Н
Э О Р А Ш М М У Б К И Р Р П
К В З И Д У П В Т Д С О Д А
И И Ц Д К У В С У А Т П В С
П Л Ш С У Л В Т Ц С О Е И С
А П Ь В Ю Ш Ю А С О Р Л Г А
Ж О Б Ж С Ю Н Ч Т П И Л А Ж
У Т Н П Ю О Й Ы Е Ь Я Е Т И
С П У С К Л А П Й Н О Р Е Р
В О З Д У Х З И И Ш И Ы Л Н
В Ы С О Т А И Л Щ Р А Е Ь Е
Т Р Д О Р О Д О В Ф У Р Л Б
А Р Е Ф С О М Т А Щ Х Л Д О
С Т Р О И Т Е Л Ь С Т В О Ы
```

ПРИКЛЮЧЕНИЕ
ВОЗДУХ
АТМОСФЕРА
ВОЗДУШНЫЙ ШАР
СТРОИТЕЛЬСТВО
ЭКИПАЖ
СПУСК
ДИЗАЙН
НАПРАВЛЕНИЕ
ДВИГАТЕЛЬ

ТОПЛИВО
ВЫСОТА
ИСТОРИЯ
ВОДОРОД
НАДУВАТЬ
ПОСАДКА
ПАССАЖИР
ПИЛОТ
ПРОПЕЛЛЕРЫ
НЕБО

64 - Ocean

```
С Я М Л Т О О П С Ю Х И Ц О
Щ М А К Б У Г С Р И Ф К И Т
Б Х К Ч А Г Н Н Ь С О Л Ь Ь
Т Ч Т Я Р У Б Е Я М Я Е Р Ю
Б К Е И К Я Ш Ш Ц Ь И М Щ Т
Ю О В А К У Л А П М Л Н Ч Г
Ч Р Е Д Е Л Ь Ф И Н С Ы О К
Е А Р Ж А З У Д Е М О С Щ Г
Р Л К К Ъ Б Г У С Т Р И Ц А
Е Л Е Ч Н Е О Ю Р Н О П Д О
П Я У Г Б А Р В Ы У Д Ф Я Ц
А И Р Ч Г Я Ь К Б У О Р Ц С
Х Ж Т В О Л Н Ы А Ь В Щ Д М
А Н П Р И Л И В Ы Г Б О Т Р
```

ВОДОРОСЛИ	СОЛЬ
КОРАЛЛ	АКУЛА
КРАБ	КРЕВЕТКА
ДЕЛЬФИН	ГУБКА
УГОРЬ	БУРЯ
РЫБА	ПРИЛИВЫ
МЕДУЗА	ТУНЕЦ
ОСЬМИНОГ	ЧЕРЕПАХА
УСТРИЦА	ВОЛНЫ
РИФ	КИТ

65 - Force and Gravity

М	А	Г	Н	Е	Т	И	З	М	В	И	Л	Т	У
П	С	К	Й	В	В	К	Б	С	Е	М	Г	Р	Ц
Е	И	Т	Ы	Р	К	Т	О	Р	Л	П	Д	Е	М
О	Ч	Г	Н	Т	Щ	О	К	Ю	И	У	Г	Н	Е
Р	Ы	Ф	Ь	И	В	П	Е	Щ	Ч	Л	Щ	И	Х
Ч	А	Я	Л	У	Ь	П	Ц	И	И	Ь	М	Е	А
Н	Т	С	А	В	Р	Е	М	Я	Н	С	А	И	Н
Т	Ь	Т	С	О	Р	О	К	С	А	Я	К	Н	И
О	С	Ь	Р	Т	Н	Е	Ц	Т	Т	Н	И	Е	К
Ф	Е	П	Е	М	О	В	Ф	Ф	И	Ш	З	Л	А
Л	Л	С	В	А	Ч	Я	Е	Ю	Б	О	И	В	В
О	Ж	И	И	Ю	Д	О	Н	С	Р	М	Ф	А	Ш
П	М	Ф	Н	М	Б	В	Р	И	О	О	Д	Д	Ж
Л	Т	Я	У	И	Ь	Г	Ц	Ф	Е	В	Ж	Ж	Ц

ОСЬ
ЦЕНТР
ОТКРЫТИЕ
РАССТОЯНИЕ
ТРЕНИЕ
ВЛИЯНИЕ
МАГНЕТИЗМ
ВЕЛИЧИНА
МЕХАНИКА

ИМПУЛЬС
ОРБИТА
ФИЗИКА
ДАВЛЕНИЕ
СКОРОСТЬ
ВРЕМЯ
УНИВЕРСАЛЬНЫЙ
ВЕС

66 - Birds

Г	С	Л	П	Н	Ч	К	Ю	А	Я	Л	Г	П	Ц
У	Т	Т	А	Ч	Н	А	К	И	Л	Е	П	Б	А
С	Р	Ы	В	О	Г	Н	И	М	А	Л	Ф	К	К
Ь	А	Л	Л	Е	Г	А	Д	П	К	Л	А	Ю	У
В	У	А	И	Ф	Ч	Р	А	Ц	Т	Ю	И	Ь	К
Я	С	Ф	Н	Н	К	Е	Е	У	У	Р	П	Я	У
Я	С	Щ	С	И	У	Й	А	Г	У	П	О	П	Ш
В	Д	Х	Ж	Л	Р	К	П	В	Я	В	Б	Щ	К
Д	О	У	Т	С	И	А	Ч	И	Ъ	Н	Ъ	Н	А
С	Щ	Р	Ф	Б	Ц	В	В	А	Н	О	Р	О	В
Ц	Б	П	О	Н	А	К	У	Т	Й	Г	О	П	А
Е	Щ	К	Ф	Б	Ц	Б	Н	А	Е	К	В	Е	М
Я	Й	Ц	О	Л	Е	Р	О	Ч	Ф	Х	А	И	Ц
Л	Е	Б	Е	Д	Ь	Й	Ц	А	П	Л	Я	Л	Н

КАНАРЕЙКА
КУРИЦА
ВОРОНА
КУКУШКА
УТКА
ОРЕЛ
ЯЙЦО
ФЛАМИНГО
ГУСЬ
ЧАЙКА

ЦАПЛЯ
СТРАУС
ПОПУГАЙ
ПАВЛИН
ПЕЛИКАН
ПИНГВИН
ВОРОБЕЙ
АИСТ
ЛЕБЕДЬ
ТУКАН

67 - Nutrition

```
К Н У Т Р И Е Н Т Б Т Х С З
Ж А Ш Я Ц К Л Ы У И А Г Ъ Д
И В Л Ш Ц Ч Б Ф Щ Я Х Е О
Д Е Ц О Й Ы В О Р О Д З Д Р
К С Л Щ Р В Ю А С О У С О О
О Р Ы Л К И Й Т П С Л А Б В
С Ц Ы Ч Ы Р И Е Л П Ы О Н Ь
Т Ж Ы Р Д П К И У Ы Е В Ы Е
И Н Я О О Ю Ь Д С Ь Р Т Й Я
П И Щ Е В А Р Е Н И Е С И Ш
Б С Х Б Е Х О Л Р А Ь Е К Т
Ч К Л Г Л П Г Ж К Ы Ю Ч Л Щ
Ф О Ф П Г Д Е М П К Л А Е А
Ч Т Д С У К В Ы М Я Я К Б Б
```

АППЕТИТ
ГОРЬКИЙ
КАЛОРИИ
УГЛЕВОДЫ
ДИЕТА
ПИЩЕВАРЕНИЕ
СЪЕДОБНЫЙ
ВКУС
ПРИВЫЧКИ

ЗДОРОВЬЕ
ЗДОРОВЫЙ
ЖИДКОСТИ
НУТРИЕНТ
БЕЛКИ
КАЧЕСТВО
СОУС
ТОКСИН
ВЕС

68 - Hiking

```
П И И М Х Т К П И К Р А П Г
О Л Р Ж К Ж А Р Д А Т Д Я О
К П Ъ Д Р Л М И К Р Х О Щ Р
Е Н А Ф Е Ц Н Р Д Т Ч В Т А
М Ы Щ С Ц Х И О Ц А У Д И Е
П Щ Щ Ы Н С Х Д Ъ Ф Р А М И
И Ъ Г В Л О П А Ф К Х С М У
Н Ъ С П О У С П О Г О Д А Т
Г У Ь Ц С Ф С Т К К Ч А С Е
Н Й Ы Л Е Ж Я Т И Л Х О Ы С
Б О Т И Н К И Х А Й И К И Д
Ж И В О Т Н Ы Е Ъ Л Л М Т П
О Р И Е Н Т А Ц И Я Ы У А У
П О Д Г О Т О В К А Ь Й А Т
```

ЖИВОТНЫЕ
БОТИНКИ
КЕМПИНГ
УТЕС
КЛИМАТ
ОПАСНОСТИ
ТЯЖЕЛЫЙ
КАРТА
ГОРА
ПРИРОДА

ОРИЕНТАЦИЯ
ПАРКИ
ПОДГОТОВКА
КАМНИ
САММИТ
СОЛНЦЕ
УСТАЛЫЙ
ВОДА
ПОГОДА
ДИКИЙ

69 - Professions #1

П	У	Р	И	Ф	Ю	Г	Ь	В	М	Ы	В	Ь	П
О	М	К	И	Н	Т	О	Х	О	О	О	Л	Т
Р	Е	А	Г	С	В	Л	Х	Д	Н	А	Р	А	Н
Т	Д	Р	Д	Г	Р	О	Т	О	О	Д	Е	Я	А
Н	С	Т	И	О	А	Е	Ъ	П	Р	В	Н	Б	К
О	Е	О	Ю	Л	Ч	Г	Щ	Р	Т	О	Е	А	Ы
Й	С	Г	К	О	Е	Р	Е	О	С	К	Р	Н	З
К	Т	Р	А	Х	Л	В	Ч	В	А	А	Т	К	У
М	Р	А	Р	И	Ф	Е	Ю	О	П	Т	Ф	И	М
Ф	А	Ф	О	С	У	Г	Ж	Д	Б	О	Р	Р	Д
Ц	Ф	Д	Ц	П	Ш	Ш	С	Ч	Ь	Б	С	Ч	Ц
П	И	А	Н	И	С	Т	А	И	Ъ	Д	Ю	О	Ъ
Н	П	Д	А	П	Р	О	Т	К	А	Д	Е	Р	Л
А	И	Д	Т	В	Е	Т	Е	Р	И	Н	А	Р	Ш

ПОСОЛ
АСТРОНОМ
АДВОКАТ
БАНКИР
КАРТОГРАФ
ТРЕНЕР
ТАНЦОР
ВРАЧ
РЕДАКТОР
ГЕОЛОГ

ОХОТНИК
ЮВЕЛИР
МУЗЫКАНТ
МЕДСЕСТРА
ПИАНИСТ
ВОДОПРОВОДЧИК
ПСИХОЛОГ
МОРЯК
ПОРТНОЙ
ВЕТЕРИНАР

70 - Barbecues

Ю	Г	Х	Т	Я	Б	Б	Д	Е	К	Ы	Щ	М	Р
Ф	О	У	Ч	Ъ	Р	Щ	В	Ш	Д	П	Н	И	Г
Р	Р	П	Т	Я	С	К	Н	Ы	Т	А	Л	А	С
У	Я	С	О	Ь	П	Ы	Р	Ь	М	Ц	М	Ц	У
К	Ч	Ч	Г	М	Ж	Л	Д	Я	М	И	У	А	О
Т	И	О	Н	Е	И	Т	Е	Д	С	Р	З	С	С
Е	Й	Ф	В	С	Ь	Д	Б	Т	У	У	Ы	Ъ	Л
М	И	Ь	Л	И	Р	Г	О	Ъ	О	К	К	Л	Н
Д	О	Л	О	Г	Г	С	Ъ	Р	Х	С	А	И	О
Ш	Ю	О	Д	Р	И	В	Ь	Л	Ы	Л	Ъ	Р	Ж
У	Ч	С	С	Ы	Н	И	Д	Р	У	З	Ь	Я	И
Т	Д	Т	Л	Я	Г	Л	О	В	О	Щ	И	В	Е
Ц	И	Г	Л	У	М	К	П	П	Ж	С	Е	Е	
Ц	К	С	Ч	Ф	В	И	А	Ь	Н	О	О	Я	Ь

КУРИЦА
ДЕТИ
ОБЕД
СЕМЬЯ
ЕДА
ВИЛКИ
ДРУЗЬЯ
ФРУКТ
ИГРЫ
ГРИЛЬ

ГОРЯЧИЙ
ГОЛОД
НОЖИ
МУЗЫКА
САЛАТЫ
СОЛЬ
СОУС
ЛЕТО
ПОМИДОРЫ
ОВОЩИ

71 - Chocolate

```
О В Т С Е Ч А К Ш П К П Э С
И В К С К О Н Ф Е Т Ы О К Л
Н Б К У А Ъ Ж С Щ П Ц Р З А
Г Т И У С Х Н М Т Е Щ О О Д
Р И Ы Р С Н А У Ч Ц Ь Ш Т К
Е Е Щ Щ Р Л Ы Р Р Е Щ О И И
Д Х Ъ Г Т Ю О Й Г Р Й К Ч Й
И А У Д К Б А Р А Х И С Е Ш
Е Щ Н Ш Н И К Ъ Д Д К О С Ь
Н Г Ь Л Е М А Р А К Ь К К Ч
Т С Ц О М Ы К М О Л Р О И Р
Б И М Я И Й Ф Р Ъ Я О К Й Ъ
А Р О М А Т Щ У Б Я Г Б У Б
С К А Л О Р И И Д В Ь Д Ю Х
```

АРОМАТ	ЛЮБИМЫЙ
ГОРЬКИЙ	ИНГРЕДИЕНТ
КАКАО	АРАХИС
КАЛОРИИ	ПОРОШОК
КОНФЕТЫ	КАЧЕСТВО
КАРАМЕЛЬ	РЕЦЕПТ
КОКОС	САХАР
ВКУСНЫЙ	СЛАДКИЙ
ЭКЗОТИЧЕСКИЙ	ВКУС

72 - Vegetables

```
П Ж Н Е Д Г С К Л Н Г А Л Н
Е Р Ь Ю Т В П Я И Т Ы К В А
Т Т Е Ж Б Ы В Ь Ш К И У С Ж
Р Ъ В Д Ж Р Т В Я Ь О Е Е А
У А К В И Л О О О Ш Ь Г Л Л
Ш Ц Д Ч Т С Л К У Л Ж О Ь К
К Ш Н Д Т Р А Р К Т Л Р Д А
А Ч Р И А В Ш О К О М О Е Б
Г Ч Е С Н О К М О Ц Л Х Р Ж
Н Р О Д И М О П Ш Ц М И Е В
Е Ц И М П И М Б И Р Ь А Й П
М К Ч Б Ш Т В П Т А Л А С А
О Г У Р Е Ц Ф Я Р Р Е П А Ц
Ъ Д Ч И В Ж С Ц А Т Т М И Ж
```

АРТИШОК
БРОККОЛИ
МОРКОВЬ
СЕЛЬДЕРЕЙ
ОГУРЕЦ
БАКЛАЖАН
ЧЕСНОК
ИМБИРЬ
ГРИБ
ОЛИВКА

ЛУК
ПЕТРУШКА
ГОРОХ
ТЫКВА
РЕДИС
САЛАТ
ШАЛОТ
ШПИНАТ
ПОМИДОР
РЕПА

73 - Boats

В	А	Л	А	П	Б	К	М	К	О	Д	Ю	Щ	П
И	Е	Ь	Ь	Л	У	Щ	О	А	О	М	Х	Б	Е
Л	П	Р	Л	О	Й	М	Р	Н	А	З	Х	Щ	И
И	О	О	Е	Т	Ю	У	С	О	Г	Г	Е	В	В
Р	К	К	Т	В	Ы	А	К	Э	Е	К	Б	Р	У
П	Е	Я	А	А	К	Ь	О	Ы	М	С	Л	Р	О
О	А	Д	Г	П	Т	А	Й	И	Ч	М	О	А	М
В	Н	Я	И	К	А	Я	К	Я	Р	О	М	Ф	О
А	О	Ы	В	И	В	О	Щ	Ъ	Д	А	Ж	У	Р
П	Ю	Л	Д	Я	П	С	Б	С	Р	Е	К	А	Е
И	И	Е	Н	Ж	А	П	И	К	Э	Е	М	Т	О
В	И	А	Б	Ы	Р	Я	Х	Т	А	Д	Ы	Ч	С
П	Т	П	Ь	Ж	О	Е	К	Ж	Ю	В	М	А	С
В	Ш	Р	Ы	А	М	Д	Т	О	Я	Ж	Е	М	Е

ЯКОРЬ
БУЙ
КАНОЭ
ЭКИПАЖ
ДОК
ДВИГАТЕЛЬ
ПАРОМ
КАЯК
ОЗЕРО
МАЧТА

МОРСКОЙ
ОКЕАН
ПЛОТ
РЕКА
ВЕРЕВКА
МОРЯК
МОРЕ
ПРИЛИВ
ВОЛНЫ
ЯХТА

74 - Driving

ь	т	с	о	н	с	а	п	о	д	д	б	у	м
л	к	д	д	м	ж	г	ъ	в	г	н	к	н	а
и	и	с	о	ч	о	б	к	я	и	р	а	в	а
б	в	ц	х	к	д	т	ь	ъ	ж	х	з	м	д
о	о	м	е	я	ь	ъ	о	ч	е	ш	о	у	о
м	з	о	ш	н	к	ь	п	р	н	в	м	н	р
о	у	т	е	с	з	а	г	п	и	в	р	я	о
т	р	о	п	б	д	и	ж	о	е	м	о	ж	г
в	г	ц	ь	ш	р	ж	я	в	в	о	т	л	а
а	л	и	б	ц	п	о	л	и	ц	и	я	г	к
т	т	к	н	с	б	ь	е	л	щ	х	о	а	а
в	с	л	ф	б	с	д	г	п	ъ	о	в	р	р
ь	т	с	о	н	с	а	п	о	з	е	б	а	т
ъ	м	б	щ	в	о	д	и	т	е	л	ь	ж	а

АВАРИЯ
ТОРМОЗА
АВТОМОБИЛЬ
ОПАСНОСТЬ
ВОДИТЕЛЬ
ТОПЛИВО
ГАРАЖ
ГАЗ
ЛИЦЕНЗИЯ

КАРТА
МОТОР
МОТОЦИКЛ
ПЕШЕХОД
ПОЛИЦИЯ
ДОРОГА
БЕЗОПАСНОСТЬ
ДВИЖЕНИЕ
ГРУЗОВИК

75 - Professions #2

```
С А Д О В Н И К С И Ж Х А Ь
Щ Ж У Ш Ч О Г У Д Н Д У Ы В
Р В Ь Л Е Т И Ч У Ж Е Д И Д
О П Л Р О Х Ъ У А Е Т О П Л
Т Д Е З О О Л О Г Н Е Ж С И
А С Т Р О Н А В Т Е К Н Ф Н
Р Д А С Ф Ъ Г Т О Р Т И О Г
Т Л Т Ь И Е Ж К Л Ч И К Т В
С Г Е Г У Л Р Я И Ц В Н О И
Ю Е Р Ь Д С А М П С И Т Г С
Л Р Б Ш Л В Е Н Е Р Ж В Р Т
Л Г О Л О И Б Х Р Р Ш Р А Р
И Ж З Х И Р У Р Г У Г А Ф В
Ч Ж И Ф И Л О С О Ф Ж Ч М Ы
```

АСТРОНАВТ
БИОЛОГ
ДЕТЕКТИВ
ИНЖЕНЕР
ФЕРМЕР
САДОВНИК
ИЛЛЮСТРАТОР
ИЗОБРЕТАТЕЛЬ
ЖУРНАЛИСТ
ЛИНГВИСТ
ХУДОЖНИК
ФИЛОСОФ
ФОТОГРАФ
ВРАЧ
ПИЛОТ
ХИРУРГ
УЧИТЕЛЬ
ЗООЛОГ

76 - Emotions

Е	О	Х	Я	Н	В	Ы	Д	М	З	Х	А	П	Д
Й	Б	К	И	Я	Й	Ь	О	Р	И	А	К	Е	О
Ы	Н	Л	Т	Ы	Ы	С	Б	А	Р	Р	Ш	Ч	В
Н	И	Н	А	Ъ	Н	П	Р	Д	П	Т	Х	А	О
Н	Й	Щ	П	Ж	Н	А	О	О	Р	С	Н	Л	Л
Е	Ы	Е	М	Ж	Е	М	Т	С	Ю	А	Е	Ь	Е
Л	Н	Ш	И	Р	Щ	Н	А	Т	С	Д	Ж	В	Н
Б	Й	Т	С	Ч	У	Ю	С	Ь	У	С	Н	О	У
А	О	С	С	Ж	М	Б	Ж	Т	Ы	У	О	Б	Ж
Л	К	Ы	Щ	Ш	С	Т	О	И	В	Б	С	Ю	Л
С	О	Д	Е	Р	Ж	А	Н	И	Е	О	Т	Л	Р
С	П	С	К	У	К	А	Г	Н	Е	В	Ь	Н	Ю
А	С	Б	Л	А	Г	О	Д	А	Р	Н	Ы	Й	Ь
Р	Ц	Н	О	Б	Л	Е	Г	Ч	Е	Н	И	Е	Щ

ГНЕВ
БЛАЖЕНСТВО
СКУКА
СПОКОЙНЫЙ
СОДЕРЖАНИЕ
СМУЩЕННЫЙ
СТРАХ
БЛАГОДАРНЫЙ
РАДОСТЬ
ДОБРОТА

ЛЮБОВЬ
МИР
РАССЛАБЛЕННЫЙ
ОБЛЕГЧЕНИЕ
ПЕЧАЛЬ
ДОВОЛЕН
СЮРПРИЗ
СИМПАТИЯ
НЕЖНОСТЬ

77 - Mythology

```
Л Б Л К М Р Е В Н О С Т Ь Щ
Е С А Б О В Т С Е Щ У С Ю О
Г Ф Б Б Л П О В Е Д Е Н И Е
Е И И Х Н И О В Л Х Ц Р П П
Н М Р Й И Г Р О М Ж Ч Т Ф И
Д Е И Ы Я К К П Щ Ы Ц С Ь Т
А С Н Н В И С О З Д А Н И Е
Ь Т Т Т Ш Ъ Н Н Г Е Р О Й Х
С Ь М Р Ъ И К Е Е К Ь М Ф Р
Б О Ж Е С Т В А Д Б Ф Б И А
Ч Т Ц М Ь Ц Ф С П Ж Е А Х Ъ
Б Е С С М Е Р Т И Е Е С Ш Щ
К А Т А С Т Р О Ф А М Б А Т
В У М Т Ъ У А Р У Т Ь Л У К
```

АРХЕТИП	БЕССМЕРТИЕ
ПОВЕДЕНИЕ	РЕВНОСТЬ
УБЕЖДЕНИЯ	ЛАБИРИНТ
СОЗДАНИЕ	ЛЕГЕНДА
СУЩЕСТВО	МОЛНИЯ
КУЛЬТУРА	МОНСТР
БОЖЕСТВА	СМЕРТНЫЙ
КАТАСТРОФА	МЕСТЬ
НЕБЕСА	ГРОМ
ГЕРОЙ	ВОИН

78 - Hair Types

Д	Л	И	Н	Н	Ы	Й	И	К	Г	Я	М	К	К
Ы	Ж	Р	Т	С	Е	Р	Е	Б	Р	О	Е	О	О
Ф	Д	Д	О	Ч	Е	Р	Н	Ы	Й	Ъ	Ц	Р	Р
Ф	Б	У	Л	П	Л	Е	Т	Е	Н	Ы	Й	О	И
Т	Н	К	С	К	У	Д	Р	Я	В	Ы	Й	Т	Ч
З	И	П	Т	Т	О	Н	К	И	Й	Д	М	К	Н
А	Д	Г	Ы	Р	Ч	П	Г	О	Ж	Ф	С	А	Е
Ы	Н	О	Й	Ы	С	Ы	Л	Е	К	С	О	Я	В
Ы	О	Б	Р	К	В	С	Ы	С	У	Х	О	Й	Ы
М	Л	М	Е	О	Я	Ь	Е	Я	Г	Я	В	Х	Й
У	Б	Р	Я	Л	В	Щ	И	Р	М	У	У	А	Н
Ж	У	А	Г	Х	Ы	Ы	Ш	В	К	О	С	И	Т
И	Д	Т	П	М	Ф	Й	Й	О	Н	Т	Е	В	Ц
К	Д	Л	С	Е	Р	Ы	Й	Л	Е	К	О	С	Ы

ЛЫСЫЙ
ЧЕРНЫЙ
БЛОНДИН
ПЛЕТЕНЫЙ
КОСЫ
КОРИЧНЕВЫЙ
ЦВЕТНОЙ
КУДРИ
КУДРЯВЫЙ
СУХОЙ

СЕРЫЙ
ЗДОРОВЫЙ
ДЛИННЫЙ
КОРОТКАЯ
СЕРЕБРО
МЯГКИЙ
ТОЛСТЫЙ
ТОНКИЙ
БЕЛЫЙ

79 - Garden

```
Ф Ф И М Щ Т У Т А Б Л Л У К
Р Ъ К Ы П Е Ц З Н Ш О У Ъ У
Д Т Я В Ь Р В А Щ Ж П Ж А С
Г Е Н Р Б Р Е Б В М А А Т Т
Л В Р Ъ У А Т О Р Щ Т Й Я Я
Х Ч О Е А С О Р П Я А К Н Ф
Ш И С Д В А К Ш Б О Ч А Л И
Я К И П А О Ю О У Х Ч О Щ Р
Ь Г Л О Р Х Ц Я Р О Я В К И
Л Ы Б Ь Т Н Я Ь М А К С А Ы
Ш Л А Н Г Щ Я Я Л С А Д М Е
Г А Р А Ж П Р У Д Ы И Ф А Ъ
Х Ь Г В Я К Ц Ф О Н Р С Г Ф
Ж М Ю У Ы Щ К Г И Ц Г К Ъ Ф
```

СКАМЬЯ
КУСТ
ЗАБОР
ЦВЕТОК
ГАРАЖ
САД
ТРАВА
ГАМАК
ШЛАНГ
ЛУЖАЙКА

ПРУД
КРЫЛЬЦО
ГРАБЛИ
ЛОПАТА
ПОЧВА
ТЕРРАСА
БАТУТ
ДЕРЕВО
СОРНЯКИ

80 - Diplomacy

```
Я Е О Х В П В Я Д Ч С А О Б
У З Я Ш Р В М Л К Б К Б Е
О Й Ы Н Н А Р Т С О Н И С З
Ы Ь Г К У В Г Ц Ж В Р Т У О
Е Т Ы Д И И О А А Т Е Э Ж П
П С К И Н Т Е В О С Ш С Д А
П О П Ь Д Е Ы Е Ъ Е Е О Е С
О Н С У Ы Л Б О Ь Щ Н Ю Н Н
Л Т Б О Б Ь О А Б Б И З И О
И С С Я Л С В Я Д О Е Н Е С
Т О А Р Ц Т К Ж Ь О Ч И Ы Т
И Л А Д Ы В Х О Ш С А К Ш Ь
К Е Е К Л О К О Н Ф Л И К Т
А Ц Ц П О С О Л Ь С Т В О Е
```

СОВЕТНИК
СОЮЗНИК
ПОСОЛ
СООБЩЕСТВО
КОНФЛИКТ
ОБСУЖДЕНИЕ
ПОСОЛЬСТВО
ЭТИКА

ИНОСТРАННЫЙ
ПРАВИТЕЛЬСТВО
ЦЕЛОСТНОСТЬ
ЯЗЫКИ
ПОЛИТИКА
БЕЗОПАСНОСТЬ
РЕШЕНИЕ

81 - Countries #1

```
Г С И Ф Ж Н Ш Ю Ф Ч Я Е Н Ъ
Е Е Р Т Б Е С С И П Х Х И Л
Р Н А Я А Ь Щ Б Н Ю А Л К И
М Е П Б Ъ Л Е Е Л С К А А В
А Г А Ж Ф И И Ц Я Р А Т Р И
Н А И И Р А К Я Н У Н В А Я
И Л С К П Р С Ь Д М А И Г И
Я У П В В З Ъ Ц И Ы Д Я У Л
Ы П А Щ Л И В Д Я Н А Ю А И
Д С Н Е Г И П Е Т И Ф Ф Ч З
Ъ Щ И П А Н А М А Я С Ж Е А
Щ Ф Я И Г Е В Р О Н Д Х Г Р
П О Л Ь Ш А М А Р О К К О Б
Ш Ж А Ъ Ю В Е Н Е С У Э Л А
```

БРАЗИЛИЯ
КАНАДА
ЕГИПЕТ
ФИНЛЯНДИЯ
ГЕРМАНИЯ
ИРАК
ИЗРАИЛЬ
ИТАЛИЯ
ЛАТВИЯ
ЛИВИЯ

МАРОККО
НИКАРАГУА
НОРВЕГИЯ
ПАНАМА
ПОЛЬША
РУМЫНИЯ
СЕНЕГАЛ
ИСПАНИЯ
ВЕНЕСУЭЛА

82 - Adjectives #1

А	Й	Х	Ц	С	П	С	Ю	В	Л	Ч	Г	Б	Г
Й	Ы	Н	З	Е	Л	О	П	Ж	А	Ч	И	А	Г
С	Н	Ы	Ц	Р	Т	В	С	У	С	Ж	Б	У	Ш
Ц	М	Я	Е	Ь	Я	Е	Ч	Т	О	А	Н	Й	О
Ю	Е	Ы	Н	Е	Ж	Р	А	О	В	М	А	Ы	В
К	Т	Ч	Н	З	Е	Ш	С	Р	Б	Б	Н	Й
Х	Р	Ш	Ы	Н	Л	Е	Т	К	Е	И	С	Ч	Ы
Ю	Д	А	Й	Ы	Н	Л	И	М	Ц	О	И	Н
Ю	Г	Ф	С	Й	Й	Н	И	Й	Е	И	Л	Т	М
Ы	Н	П	Д	И	П	Ы	В	Ъ	Н	О	Ю	Н	О
Ы	Ы	Р	Н	Ж	В	Й	Ы	П	Н	З	Т	Е	Р
Щ	Е	Д	Р	Ы	Й	Ы	Й	Ю	Ы	Н	Н	Д	Г
Ч	Е	С	Т	Н	Ы	Й	Й	Ш	Й	Ы	Ы	И	О
М	Е	Д	Л	Е	Н	Н	Ы	Й	Ю	Й	М	О

АБСОЛЮТНЫЙ
АМБИЦИОЗНЫЙ
КРАСИВЫЙ
ТЕМНЫЙ
ЩЕДРЫЙ
СЧАСТЛИВЫЙ
ТЯЖЕЛЫЙ
ПОЛЕЗНЫЙ
ЧЕСТНЫЙ

ОГРОМНЫЙ
ИДЕНТИЧНЫЙ
ВАЖНЫЙ
СОВРЕМЕННЫЙ
СОВЕРШЕННЫЙ
СЕРЬЕЗНЫЙ
МЕДЛЕННЫЙ
ТОНКИЙ
ЦЕННЫЙ

83 - Landscapes

В	И	О	Я	М	Ъ	Б	И	А	Р	Д	Н	У	Т
О	У	Х	З	Е	П	Ъ	Е	Ъ	Е	Р	О	М	Л
Р	Л	Л	О	Е	Б	Ы	Ю	Б	К	Ь	Д	Н	Е
Т	Б	Щ	К	Л	Р	Б	Я	Л	А	Ш	О	К	Д
С	Н	Ч	К	А	М	О	У	С	И	С	Л	Щ	Н
О	Л	Б	Е	Я	Н	Ы	Т	С	У	П	И	П	И
К	И	Г	Р	Е	Б	С	Й	А	Б	Т	Н	Е	К
В	В	О	Р	Т	С	О	У	Л	О	П	А	Щ	Р
Щ	Ы	Р	О	К	Е	А	Н	О	Л	О	Т	Е	Б
С	Д	А	П	О	Д	О	В	Щ	О	Щ	Ц	Р	О
Г	Е	Й	З	Е	Р	Ы	М	Т	Т	К	Щ	А	Б
В	П	Ц	Ш	В	Ш	Б	В	Н	О	А	Щ	Ч	С
Х	Т	Щ	П	Ш	А	Ч	Г	Н	Ц	Ц	П	Ж	У
Л	Ш	Ц	П	Л	Я	Ж	Д	О	А	З	И	С	К

ПЛЯЖ	ОАЗИС
ПЕЩЕРА	ОКЕАН
ПУСТЫНЯ	ПОЛУОСТРОВ
ГЕЙЗЕР	РЕКА
ЛЕДНИК	МОРЕ
ХОЛМ	БОЛОТО
АЙСБЕРГ	ТУНДРА
ОСТРОВ	ДОЛИНА
ОЗЕРО	ВУЛКАН
ГОРА	ВОДОПАД

84 - Visual Arts

```
К С О В Ц Щ И В Т К Х Ч К Ъ
Ш Е Л Е М К Б Б Р А У Ь Р Б
Е С Р А Н И Л Г А Р Д М Е С
Д Н О А К Ч У Р Ф А О О А К
Е Е У С М Ь Е Б А Н Ж Л Т У
В А Г Б Т И В Ш Р Д Н Ь И Л
Р У О Ю Р А К Н Е А И Б В Ь
У Т Л Х Б Х В А Т Ш К Е Н П
У Е Ь П В Н Г Д Ш Ь Т Р О Т
А Р Х И Т Е К Т У Р А Т С У
Ф Т Ф О Т О Г Р А Ф И Я Т Р
Д Р Н И Ц Д Ф И Л Ь М Б Ь А
Ц О П Е Р С П Е К Т И В А Д
В П Ъ П Ц Я Ж Я Щ В Б П Н Щ
```

АРХИТЕКТУРА
ХУДОЖНИК
КЕРАМИКА
МЕЛ
УГОЛЬ
ГЛИНА
СОСТАВ
КРЕАТИВНОСТЬ
МОЛЬБЕРТ
ФИЛЬМ

ШЕДЕВР
РУЧКА
КАРАНДАШ
ПЕРСПЕКТИВА
ФОТОГРАФИЯ
ПОРТРЕТ
СКУЛЬПТУРА
ТРАФАРЕТ
ЛАК
ВОСК

85 - Plants

```
М Я Т С Т Е Б Е Л Ь Ц Д Р П
Ф К Ъ У П А Г Е О Е В К Е Е
П Ъ Ш Т Ю Л К О Т С Е П Е Л
Ц Н Б К А Щ Ю Н Т Е Т Б У Я
Ф В Д А С Ш Щ Ь Л Е О Д Г
Ш Л Е К У Б М А Б Н Н Т О О
Ф Ч О Т Л Ш А М О Х И А Б Д
Ь Н Е Р О К К У С Т Е Н Р А
А Е Ъ Д А К Ь Ь Ю Ъ Ь И Е Ь
Д Е Р Е В О Т Ь Ь Б К Н О
А Р Б Т И Б Е К С Л О А И Ж
Ж Ж Н Н Л И С Т В А Б М Е Ч
Ы Ц Р М Д В У Е Т Р А В А У
А Х Д Д А К Ъ И У С О Е О Ф
```

БАМБУК
БОБ
ЯГОДА
ЦВЕТЕНИЕ
БОТАНИКА
КУСТ
КАКТУС
УДОБРЕНИЕ
ФЛОРА
ЦВЕТОК

ЛИСТВА
ЛЕС
САД
ТРАВА
ПЛЮЩ
МОХ
ЛЕПЕСТОК
КОРЕНЬ
СТЕБЕЛЬ
ДЕРЕВО

86 - Boxing

```
Т К К Ц Ъ Я Ц У Л С И Л А Н
Е Б О С Ц Х Ю Б О О И О К А
Л Т Ч Л Е С М Я Г Б К Щ Ы В
О О К Ы О У Ц П У Б В О В Ы
Ы Ч О Г Б К Д Ь Б Ы Е О Т К
У К Д А М О О А Ж С Р П Л Ь
Ь И О Ц В Ф Т Л Д Т Е П Ъ Т
П Е Р Ч А Т К И С Р В О Ф А
Я Ц О Н Р Р Ю С Ю Ы Г Н Ч Н
Г Ь Б О Т Л У Я И Й Я Е Щ И
Ю М Д Ы Р Р Д Ц С И Ж Н Т П
Т К О У О Е В Б Х Д К Т Ч Х
К Ц П Ц С К К У Л А К Л Г М
И З М У Ч Е Н Н Ы Й У Ш У Т
```

КОЛОКОЛ
ТЕЛО
ПОДБОРОДОК
УГОЛ
ЛОКОТЬ
ИЗМУЧЕННЫЙ
БОЕЦ
КУЛАК
ФОКУС
ПЕРЧАТКИ

ТРАВМ
ПИНАТЬ
ОППОНЕНТ
ТОЧКИ
БЫСТРЫЙ
СУДЬЯ
ВЕРЕВКИ
НАВЫК
СИЛА

87 - Countries #2

```
Э Ф И О П И Я Г Ж Х В Ш П С
Я И Х Ю М Ь А К И С К Е М И
Х П Т Н Н Е П А Л А С П Д Р
Ф А О Х Р А Н И А Р К У Я И
Щ Д М Н Ъ Н Б П М У И С М Я
Г Н А Ш И В Ж Ц О Я Х Н А И
Б А П Н Р Я М Ч С Ъ Д А Й С
Ъ Г Л А И Т И А Г Е Я Х К С
К У Ж Д К Я И Р Е Б И Л А О
К Щ Я У Я И Р Е Г И Н Ь Р Р
И Ж И С Я Ц С Д Ш М А Б Ч Г
Я С В П Р Е О Т Ь П Б К П В
Ъ М Г О Г Р А К А Ъ Л Я А Л
У Ы Б Д Б Г Л Ъ Х Н А В И Л
```

АЛБАНИЯ	МЕКСИКА
ДАНИЯ	НЕПАЛ
ЭФИОПИЯ	НИГЕРИЯ
ГРЕЦИЯ	ПАКИСТАН
ГАИТИ	РОССИЯ
ЯМАЙКА	СОМАЛИ
ЯПОНИЯ	СУДАН
ЛАОС	СИРИЯ
ЛИВАН	УГАНДА
ЛИБЕРИЯ	УКРАИНА

88 - Adjectives #2

```
Э Л Е Г А Н Т Н Ы Й Д С П С
О Д А Р Е Н Н Ы Й Й Ч О Р И
А У Т Е Н Т И Ч Н Ы Й Н О Л
Ы В Ю В С Ы Г А Н Ы Н Д Ь
Ы С Ж Я Г Й О Н О С Н Ы У Н
Л Ч У Ч М И Л В Р Е Т Й К Ы
В Щ С Ж Ш К О Й Я Р С Д Т Й
Н О В Ы Й С Д Ы Ч Е Е И С
Ш Н Н Ч Ф Е Н Н И Т В К В У
М О А Д Х Ч Ы Е Й Н З И Н Х
Ф К Ч Ы С Р Й Л Ы И И Й Ы О
В Л О З Д О Р О В Ы Й Ф Й Й
Й Ы Н Н Е В Т С Т Е В Т О Ь
Л С Н Р П Т Г О Р Д Ы Й Б С
```

АУТЕНТИЧНЫЙ
ТВОРЧЕСКИЙ
СУХОЙ
ЭЛЕГАНТНЫЙ
ИЗВЕСТНЫЙ
ОДАРЕННЫЙ
ЗДОРОВЫЙ
ГОРЯЧИЙ
ГОЛОДНЫЙ

ИНТЕРЕСНЫЙ
НОВЫЙ
ПРОДУКТИВНЫЙ
ГОРДЫЙ
ОТВЕТСТВЕННЫЙ
СОЛЕНЫЙ
СОННЫЙ
СИЛЬНЫЙ
ДИКИЙ

89 - Psychology

Ц	Н	К	Д	Р	Б	И	М	Ь	В	И	Ц	Ь	О
О	П	Ы	Т	П	Г	Д	Ы	Е	М	Л	Б	Т	Ц
В	Д	П	П	О	П	Е	С	Э	У	Ч	Ь	С	Е
О	Е	О	Р	Д	К	И	Л	М	М	К	Ъ	О	Н
С	Т	В	О	С	Т	О	И	В	В	О	Л	Н	К
П	С	Е	Б	О	П	Е	Н	Ф	Ш	Ъ	Ц	Ч	А
Р	Т	Д	Л	З	М	Л	Р	Ф	Г	Ы	П	И	Я
И	В	Е	Е	Н	Е	Я	Э	А	Л	Б	М	Л	И
Я	О	Н	М	А	Ч	Ы	Г	Е	П	И	П	Ю	Ц
Т	Н	И	А	Н	Т	И	О	М	Б	И	К	Т	А
И	К	Е	Ф	И	Ы	У	С	Д	С	Ь	Я	Т	С
Е	Р	Т	Ф	Е	П	О	З	Н	А	Н	И	Е	Н
Ы	Р	Е	А	Л	Ь	Н	О	С	Т	Ь	Ц	В	Е
К	Л	И	Н	И	Ч	Е	С	К	И	Й	Ч	Т	С

ОЦЕНКА
ПОВЕДЕНИЕ
ДЕТСТВО
КЛИНИЧЕСКИЙ
ПОЗНАНИЕ
КОНФЛИКТ
МЕЧТЫ
ЭГО
ЭМОЦИИ
ОПЫТ

ИДЕИ
ВОСПРИЯТИЕ
ЛИЧНОСТЬ
ПРОБЛЕМА
РЕАЛЬНОСТЬ
СЕНСАЦИЯ
ПОДСОЗНАНИЕ
ТЕРАПИЯ
МЫСЛИ

90 - Math

С	Т	О	А	М	М	У	С	С	Н	Д	Н	Г	П
Д	И	Б	Л	Р	Т	Е	М	И	Р	Е	П	Е	Р
Е	И	Ъ	С	Ж	И	Ъ	К	Н	Ю	Ч	Г	О	Я
С	Х	Е	И	Х	И	Ф	В	Ц	А	К	К	М	М
Я	У	М	Ч	Р	Т	Е	М	А	И	Д	Ч	Е	О
Т	Я	И	Ц	К	А	Р	Ф	Е	Е	Г	Ж	Т	У
И	Ч	Ь	Д	А	Щ	О	Л	П	Т	Р	Г	Р	Г
Ч	И	Б	Ф	А	Б	Т	Щ	Т	Р	И	Р	И	О
Н	В	Р	Б	В	Р	Б	М	С	М	А	К	Я	Л
Ы	Н	К	Щ	М	У	У	Г	Л	Ы	Ш	Щ	А	Ь
Й	Т	Р	Е	У	Г	О	Л	Ь	Н	И	К	Щ	Н
Ж	П	Л	Ц	Д	Е	Л	Е	Н	И	Е	П	Ц	И
Э	К	С	П	О	Н	Е	Н	Т	Ч	М	Р	Ш	К
С	И	М	М	Е	Т	Р	И	Я	П	О	У	Р	В

УГЛЫ
АРИФМЕТИКА
ДЕСЯТИЧНЫЙ
ДИАМЕТР
ДЕЛЕНИЕ
ЭКСПОНЕНТ
ФРАКЦИЯ
ГЕОМЕТРИЯ
ЧИСЛА

ПЕРИМЕТР
РАДИУС
ПРЯМОУГОЛЬНИК
ПЛОЩАДЬ
СУММА
СИММЕТРИЯ
ТРЕУГОЛЬНИК
ОБЪЕМ

91 - Water

```
В Ь И Ш Ц Ж Ш Ф О В Ь Л Р Ъ
Ъ Л У У Х И Т Д Ы Е Е Р Е Ы
Х О А Д О Ж Д Ь Я К А Щ К Н
Г З И Г Ю Ф Л Т Ю Ч Б У А Л
Е Е Р С А Ь Е И Н Е Ш О Р О
Й Р О С Н Ш Т Л А Н А К А В
З О Р А Ш Е К С В Ы М Д П Я
Е Ф Х Ф Ь Х Г З О Р О М К Л
Р Ю Ю Г Г Н Ш У Д Н А Е К О
М У С С О Н Ч Ж Н А Ж Х Д М
П И Т Ь Е В О Й Е Г Ъ А Е Ф
Я Ч Я Е Ч Ф Ш Ю Н А Р Р Л Ж
Е И Н Е Р А П С И Р И А Ъ В
Г Ч Ы Л Ъ Ъ М Ц Е У У У Ж Я
```

КАНАЛ
ПИТЬЕВОЙ
ИСПАРЕНИЕ
НАВОДНЕНИЕ
МОРОЗ
ГЕЙЗЕР
ВЛАЖНОСТЬ
УРАГАН
ЛЕД
ОРОШЕНИЕ

ОЗЕРО
ВЛАГА
МУССОН
ОКЕАН
ДОЖДЬ
РЕКА
ДУШ
СНЕГ
ПАР
ВОЛНЫ

92 - Activities

```
Ф О Т О Г Р А Ф И Я А С Ч У
К Л Н И С К У С С Т В О Т Д
Д Е Я Т Е Л Ь Н О С Т Ь Е О
Р Ь И Ч Г П Ж А Ы Л А Г Н В
Е Т Г Н С А Д Ы И Н К С И О
М И А Г Ж Н Н И С Щ Р Щ Е Л
Е Ш М Ы Ъ О Х О Т А Л К В Ь
С Е М З И Р У Т Й И Ш Е П С
Л Я Л В О Л Я А Н Б Ы Р Н Т
А Р Е Л А К С А Ц И Я А А В
В Д О С У Г А Ь М У Л М В И
И Н Т Е Р Е С Ы Р Г И И Ы Е
Р Ь Ь О Ш Г Н И П М Е К К С
Ж Ъ Т А Н Ц Ы Я У А А А Л Ъ
```

ДЕЯТЕЛЬНОСТЬ
ИСКУССТВО
КЕМПИНГ
КЕРАМИКА
РЕМЕСЛА
ТАНЦЫ
РЫБНАЯ ЛОВЛЯ
ИГРЫ
ПЕШИЙ ТУРИЗМ
ОХОТА

ИНТЕРЕСЫ
ДОСУГ
МАГИЯ
ФОТОГРАФИЯ
УДОВОЛЬСТВИЕ
ЧТЕНИЕ
РЕЛАКСАЦИЯ
ШИТЬЕ
НАВЫК

93 - Business

```
Ф И Н А Н С Ы М Л Ы М К И Ф
Г Р О Р А В О Т Ь Т Е О Н К
М А Т Е Ж Д Ю Б Ч О Н М В В
А Б Ж Ь И С И Ф О Б Е П Е А
Г О У Р Ю Ш Т Н А Ц Д А С Л
А Т А А Ж А Д О Р П Ж Н Т Ю
З О А К Д И К С И Щ Е И И Т
И Д Н Д О В А З Г М Р Я Ц А
Н А А Н О Ы Х Р Ь С О Т И Я
М Т Л Г М Х Ч О Н Х Ж С И Ш
О Е О О В Л О Г Е В П Т Т Щ
Б Л Г Ы Ь О Д Д У Ф Х Б Ь
И Ь И Щ Э К О Н О М И К А Ъ
Р А Б О Т Н И К Е Ю Ъ Е Е Щ
```

БЮДЖЕТ
КАРЬЕРА
КОМПАНИЯ
СТОИМОСТЬ
ВАЛЮТА
СКИДКА
ЭКОНОМИКА
РАБОТНИК
РАБОТОДАТЕЛЬ
ЗАВОД

ФИНАНСЫ
ДОХОД
ИНВЕСТИЦИИ
МЕНЕДЖЕР
ТОВАР
ДЕНЬГИ
ОФИС
ПРОДАЖА
МАГАЗИН
НАЛОГИ

94 - Literature

Р	З	А	К	Л	Ю	Ч	Е	Н	И	Е	Т	Ж	Д
Р	А	Ц	И	Ю	Д	В	Щ	Я	Г	Ж	Н	К	Ч
К	М	С	А	Т	Ъ	В	Е	И	Н	Е	Н	М	Ю
В	Е	Ф	С	М	Е	Т	А	Ф	О	Р	А	Е	Е
М	Т	И	Р	К	Ъ	Ы	Ъ	А	Н	Р	Н	Б	Ч
Ю	Ч	Д	Ж	Н	А	М	О	Р	Ч	Х	Т	Е	Ъ
А	Ъ	Щ	Р	У	Я	З	Б	Г	О	Л	А	И	Д
В	У	У	Г	Ф	И	И	Ч	О	Х	П	А	Н	С
Т	С	Т	И	Х	Г	Л	Щ	И	Р	О	Н	Е	Т
О	Т	А	Я	Г	О	А	Щ	Б	К	Э	Е	Н	И
Р	Ъ	М	А	Ц	Л	Н	Ф	Ю	Ж	Т	К	В	Л
Т	У	Ф	Ж	Ю	А	А	К	Г	Ч	И	Д	А	Ь
О	П	И	С	А	Н	И	Е	А	Б	К	О	Р	К
Ф	В	Р	Щ	Ш	А	С	С	И	Н	А	Т	С	Ф

АНАЛОГИЯ
АНАЛИЗ
АНЕКДОТ
АВТОР
БИОГРАФИЯ
СРАВНЕНИЕ
ЗАКЛЮЧЕНИЕ
ОПИСАНИЕ
ДИАЛОГ
МЕТАФОРА

РАССКАЗЧИК
РОМАН
МНЕНИЕ
СТИХ
ПОЭТИКА
РИФМА
РИТМ
СТИЛЬ
ТЕМА

95 - Geography

Ш	Ж	М	Ю	Я	В	К	Е	Л	Ъ	А	А	О	Т
Ы	И	Ю	Р	С	Д	О	Р	О	Г	П	Т	С	Е
Ж	Ш	Р	Т	Ъ	С	Н	Б	Ч	Ю	П	Л	Т	Р
Р	Д	И	О	Е	А	Т	Р	А	К	Г	А	Р	Р
Е	А	М	Л	Т	К	И	У	Я	Е	Щ	С	О	И
Г	Ч	С	Х	С	А	Н	Д	Т	Ъ	Р	Я	В	Т
И	Ы	А	И	Щ	К	Е	А	Т	О	С	Ы	В	О
О	Е	Щ	Щ	Т	Е	Н	П	Е	Г	К	Г	Ф	Р
Н	У	К	Г	Ч	Р	Т	А	Р	К	Х	О	П	И
С	Т	Р	А	Н	А	К	З	О	Ф	О	Р	Ц	Я
М	Е	Р	И	Д	И	А	Н	М	А	Ш	А	И	Ч
П	О	Л	У	С	Ф	Е	Р	А	С	Е	В	Е	Р
И	В	Е	Н	Р	Т	В	У	Ц	Ч	В	Т	Г	И
Щ	Т	Р	Д	Ф	П	О	С	Ы	П	И	Ъ	Ч	Х

ВЫСОТА
АТЛАС
ГОРОД
КОНТИНЕНТ
СТРАНА
ПОЛУСФЕРА
ОСТРОВ
ШИРОТА
КАРТА
МЕРИДИАН

ГОРА
СЕВЕР
ОКЕАН
РЕГИОН
РЕКА
МОРЕ
ЮГ
ТЕРРИТОРИЯ
ЗАПАД
МИР

96 - Pets

Ь	Ь	У	Ъ	Д	В	Ш	П	Я	Х	Щ	Ъ	А	К
У	М	И	Т	П	О	Г	Ъ	В	В	Е	Д	А	М
И	Л	А	П	Ы	Д	К	Я	М	О	Х	Ц	Б	Ю
Я	П	Х	Б	С	А	К	К	Б	С	Т	Б	К	М
Я	У	А	Ч	Ы	Ч	О	И	И	Т	Ж	В	О	Ъ
П	Х	П	Е	Ж	Р	З	Л	П	Ъ	Ф	Ф	Р	О
Ч	Т	Е	А	И	О	А	О	Б	У	Й	Б	О	Я
Я	Ю	Р	В	Е	Т	Е	Р	И	Н	А	Р	В	К
Я	И	Е	Щ	Е	Н	О	К	Т	Ж	Г	К	А	Л
О	Д	Ч	Г	Р	Ш	Ц	Х	Г	Д	У	О	К	Ы
В	О	Р	О	Т	Н	И	К	О	Ь	П	М	А	У
Я	Щ	Е	Р	И	Ц	А	А	К	Ш	О	К	Б	Н
Ю	П	О	В	О	Д	О	К	Н	Ы	П	Ц	О	Д
Х	Д	Т	Ю	Ж	Т	Т	Н	К	М	Ш	Х	С	В

КОШКА
КОГТИ
ВОРОТНИК
КОРОВА
СОБАКА
РЫБА
ЕДА
КОЗА
ХОМЯК
ПОВОДОК

ЯЩЕРИЦА
МЫШЬ
ПОПУГАЙ
ЛАПЫ
ЩЕНОК
КРОЛИК
ХВОСТ
ЧЕРЕПАХА
ВЕТЕРИНАР
ВОДА

97 - Jazz

Р	К	У	Р	О	Т	И	З	О	П	М	О	К	Н
Б	Ъ	В	И	Г	Н	К	И	Н	Ж	О	Д	У	Х
И	А	Ч	Т	Я	Е	Р	О	Я	Н	Р	Л	Х	И
Х	З	Р	М	Б	Ц	Й	Е	Н	М	Т	Г	Я	М
М	С	Б	А	Ц	К	Ы	Л	С	Ц	С	Ж	Х	П
У	О	Ы	Р	Б	А	В	Ч	Е	С	Е	В	Д	Р
З	С	П	Ф	А	А	О	Я	П	Ш	К	Р	П	О
Ы	Т	Т	С	Я	Н	Н	У	Ж	А	Р	Л	Т	В
К	А	О	Ь	Ж	Ф	Н	Ы	Е	Ъ	О	Т	Н	И
А	В	Б	П	К	П	М	О	Б	Ь	Л	А	А	З
Т	Е	Х	Н	И	К	А	Д	Е	Л	Е	Ш	Л	А
С	Т	А	Р	Ы	Й	Х	Ш	Ц	И	Т	К	А	Ц
И	З	В	Е	С	Т	Н	Ы	Й	Т	Ш	Д	Т	И
И	А	Н	И	А	Х	Б	Г	Р	С	С	Ц	Щ	Я

АЛЬБОМ
ХУДОЖНИК
КОМПОЗИТОР
СОСТАВ
КОНЦЕРТ
БАРАБАНЫ
АКЦЕНТ
ИЗВЕСТНЫЙ
ИЗБРАННОЕ
ИМПРОВИЗАЦИЯ

МУЗЫКА
НОВЫЙ
СТАРЫЙ
ОРКЕСТР
РИТМ
ПЕСНЯ
СТИЛЬ
ТАЛАНТ
ТЕХНИКА

98 - Nature

```
Ч Р С Ч Б А Т У М А Н Ф Д Т
М Е П Ш И Р О Б Л А К А Г Ж
С К Б А Я К Х Д П Х Д Ь В И
В А Ь В Ы Т Р Н Ы М Х Ю И В
Я А Ь У Р И Г О Р Ы Я Ж Б О
Т Н Л П Г Ч С К А Л Ы И Я Т
И Й И К С Е Ч И П О Р Т Ь Н
Л П О Ю Ц С П Ч Е Л Ы Ш К Ы
И Л У М А К Е М И Р Н Ы Й Е
Щ Ь Е С Е И Ь Л Л И С Т В А
Е Т Ь Д Т Й К Р А С О Т А Д
К Х Р Д Н Ы Ы Ж Д Щ И У Ц В
Д И К И Й И Н Н У Ц Ф Х Ь У
Ы П О К Д Б К Я И З О Р Э Г
```

ЖИВОТНЫЕ   ЛИСТВА
АРКТИЧЕСКИЙ   ЛЕС
КРАСОТА   ЛЕДНИК
ПЧЕЛЫ   ГОРЫ
СКАЛЫ   МИРНЫЙ
ОБЛАКА   РЕКА
ПУСТЫНЯ   СВЯТИЛИЩЕ
ЭРОЗИЯ   ТРОПИЧЕСКИЙ
ТУМАН   ДИКИЙ

99 - Vacation #2

```
К П М Й Г О В И З А Р Я Х Ш
Е У Е Ы Я С Ъ Ч Е Т Е Р О М
М Т И Н А Т Р А К Р С Е А Щ
П Е П Н Ф Р И С К А Т И Е Е
И Ш Р А У О Н Щ Н Н О Н С Е
Н Е Ъ Р С В Я Щ Ж С Р О О Н
Г С П Т П П Г О Ц П А С Т Ы
Ф Т Р С П А О М Б О Н Т Е Ч
Ж В А О Д Н Л Р П Р Ы Р Л Х
Х И З Н Ы Г И А Т Т Щ А Ь Щ
Я Е Д И П Л Я Ж Т Д Ш Н Ы Б
Т Ь Н Д О С У Г Е К Х Е Ы Т
С Х И Т Р О П О Р Э А Ц П Ж
Ч Г К П О Е З Д Г О Р Ы В Р
```

АЭРОПОРТ	КАРТА
ПЛЯЖ	ГОРЫ
КЕМПИНГ	ПАСПОРТ
ИНОСТРАННЫЙ	РЕСТОРАН
ИНОСТРАНЕЦ	МОРЕ
ПРАЗДНИК	ТАКСИ
ОТЕЛЬ	ПАЛАТКА
ОСТРОВ	ПОЕЗД
ПУТЕШЕСТВИЕ	ТРАНСПОРТ
ДОСУГ	ВИЗА

100 - Electricity

О	Ф	Ч	Г	Д	Ы	Ю	Ъ	Л	Р	Е	Р	В	О
Ъ	Б	Р	Ь	Ь	Г	Н	А	Ы	Д	К	А	К	Т
Т	Я	Ъ	Т	Г	К	В	К	В	Х	В	З	И	Р
И	Е	Ь	Е	К	М	А	Ч	Ж	С	Ж	Ъ	Р	И
Н	Р	Л	С	К	О	Н	О	Ф	Е	Л	Е	Т	Ц
Г	А	Е	Е	Ф	Т	А	П	М	А	Л	М	К	А
А	Т	Б	Т	В	Ъ	Ы	М	Ъ	Ъ	Н	П	Е	Т
М	А	А	Г	И	И	Б	А	Ь	Б	Л	Р	Л	Е
М	Б	К	Г	М	Ь	Д	Л	Г	Р	А	О	Э	Л
У	О	Ы	Ж	Щ	П	Л	Е	Н	Ш	З	В	М	Ь
О	Р	А	М	О	О	И	Л	Н	П	Е	О	Ь	Н
Г	Е	Н	Е	Р	А	Т	О	Р	И	Р	Д	Г	Ы
К	О	Л	И	Ч	Е	С	Т	В	О	Е	А	О	Й
О	Б	О	Р	У	Д	О	В	А	Н	И	Е	П	Р

БАТАРЕЯ
ЛАМПОЧКА
КАБЕЛЬ
ЭЛЕКТРИК
ОБОРУДОВАНИЕ
ГЕНЕРАТОР
ЛАМПА
ЛАЗЕР
МАГНИТ
ОТРИЦАТЕЛЬНЫЙ
СЕТЬ
ОБЪЕКТЫ
КОЛИЧЕСТВО
РАЗЪЕМ
ТЕЛЕФОН
ТЕЛЕВИДЕНИЕ
ПРОВОДА

1 - Antiques

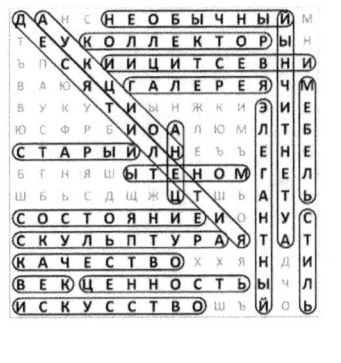

2 - Food #1

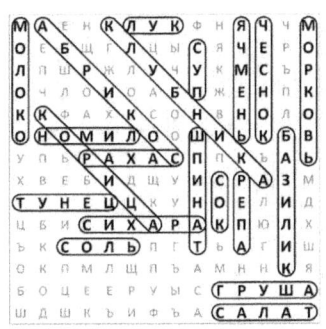

3 - Measurements

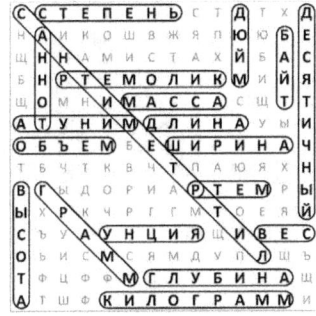

4 - Farm #2

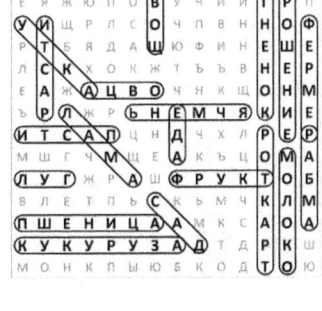

5 - Books

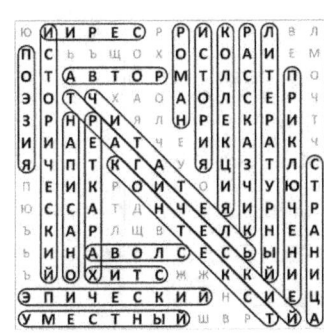

6 - Meditation

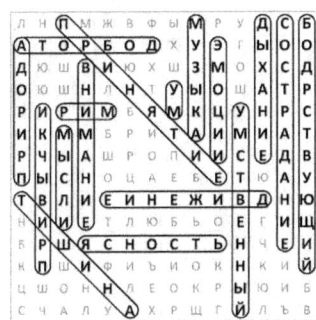

7 - Days and Months

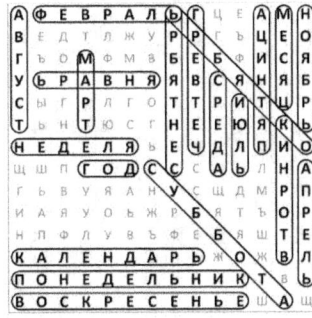

8 - Energy

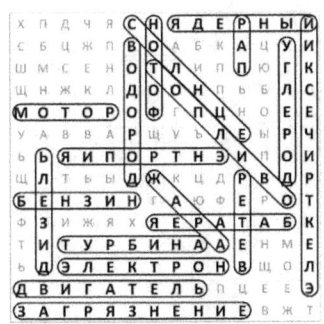

9 - Chess

10 - Archeology

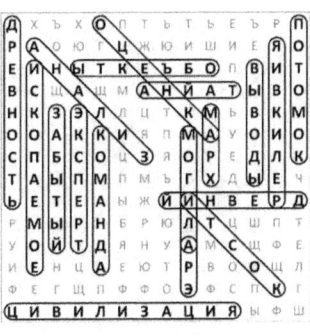

11 - Food #2

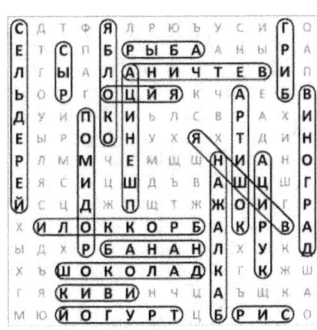

12 - Chemistry

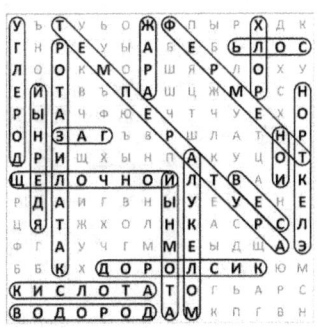

13 - Music
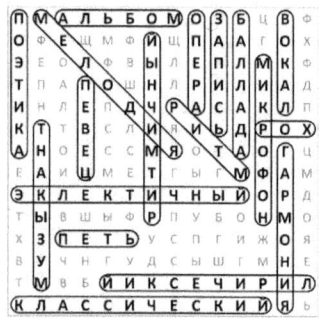

14 - Family
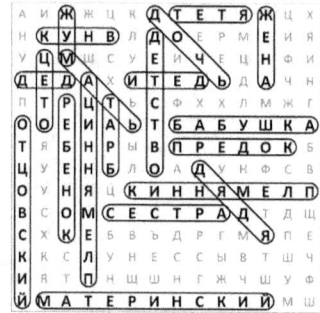

15 - Farm #1
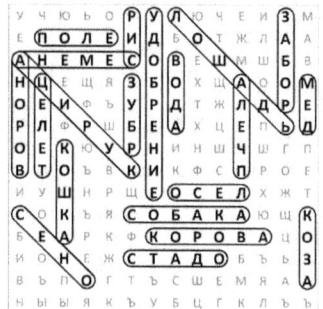

16 - Camping
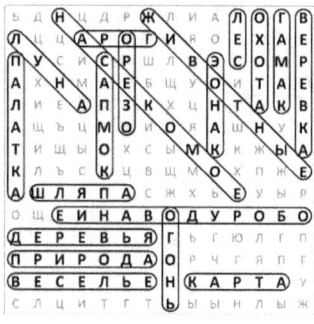

17 - Cats
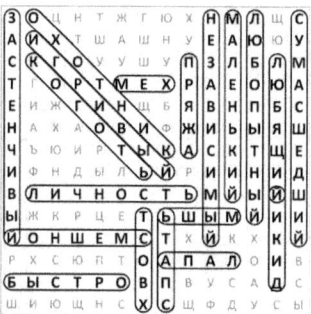

18 - Algebra
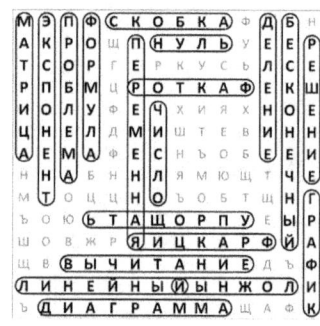

19 - Numbers
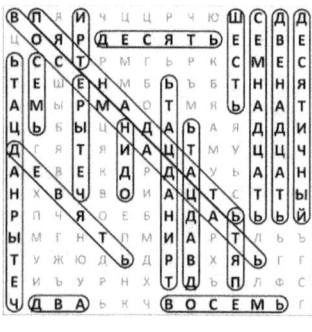

20 - Spices
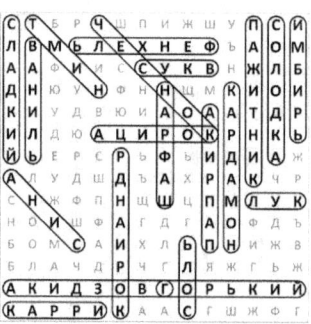

21 - Universe

22 - Mammals
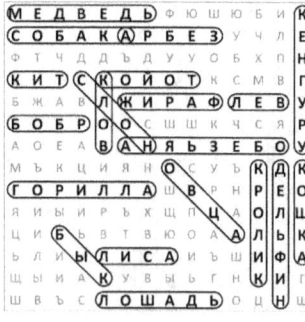

23 - Fishing
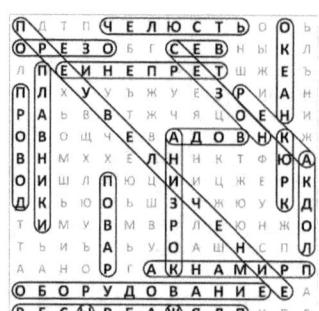

24 - Bees
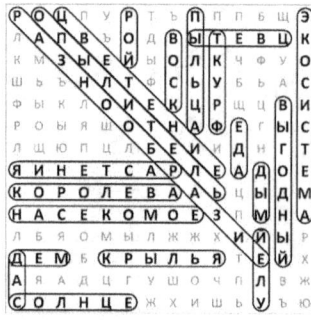

25 - Weather
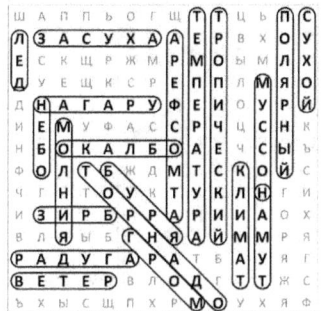

26 - Adventure
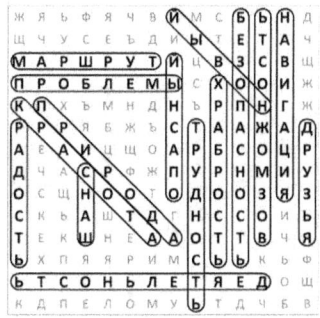

27 - Circus
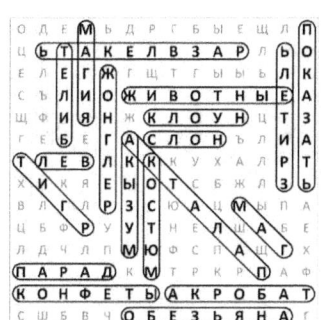

28 - Restaurant #2
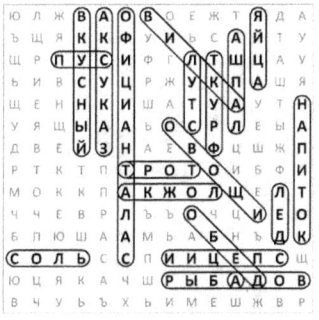

29 - Geology
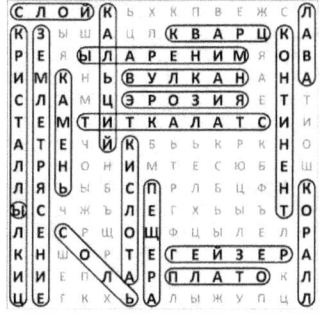

30 - House
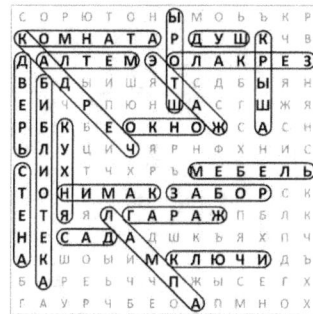

31 - Physics
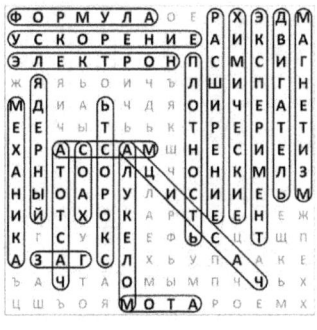

32 - Dance
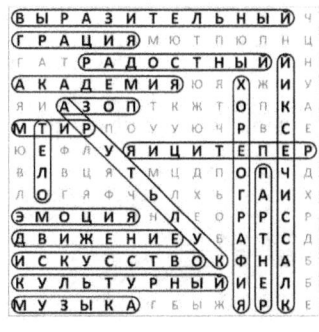

33 - Coffee
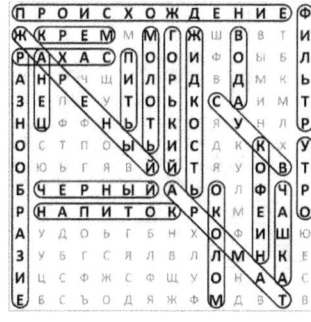

34 - Shapes
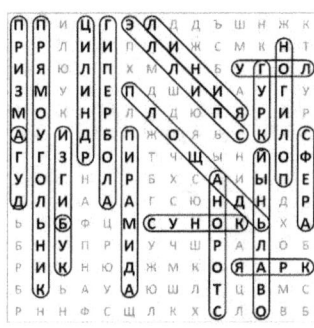

35 - Scientific Disciplines

36 - Science

37 - Beauty

38 - Clothes

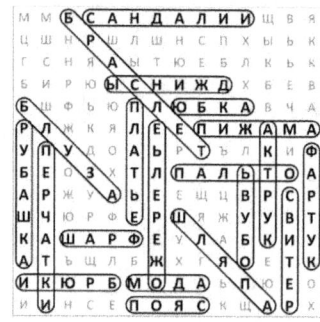

39 - Insects

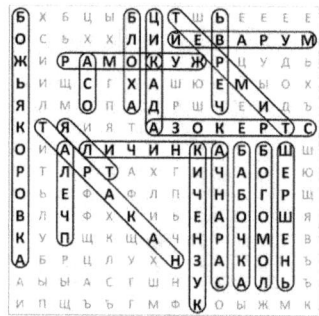

40 - Astronomy

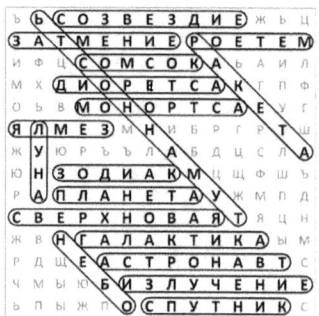

41 - Health and Wellness #2

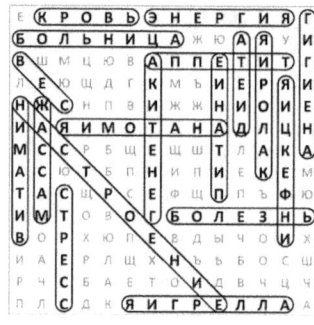

42 - Time

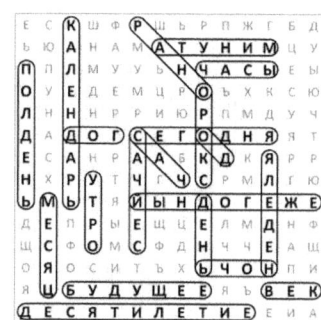

43 - Buildings

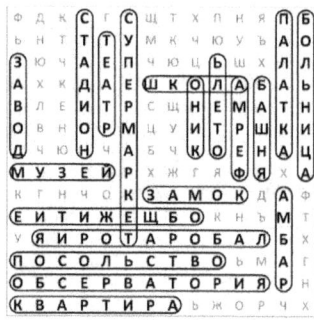

44 - Philanthropy

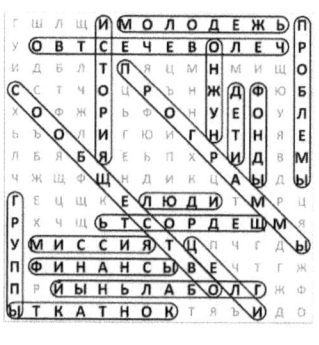

45 - Gardening

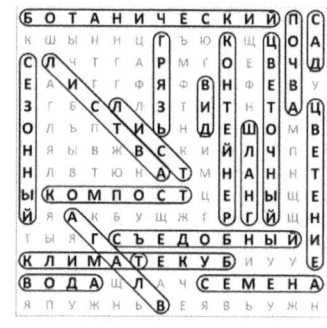

46 - Herbalism

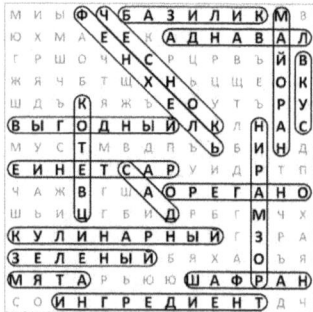

47 - Vehicles

48 - Flowers

49 - Health and Wellness #1

50 - Town

51 - Antarctica

52 - Ballet

53 - Fashion

54 - Human Body

55 - Musical Instruments

56 - Fruit

57 - Engineering

58 - Kitchen

59 - Government

60 - Art Supplies

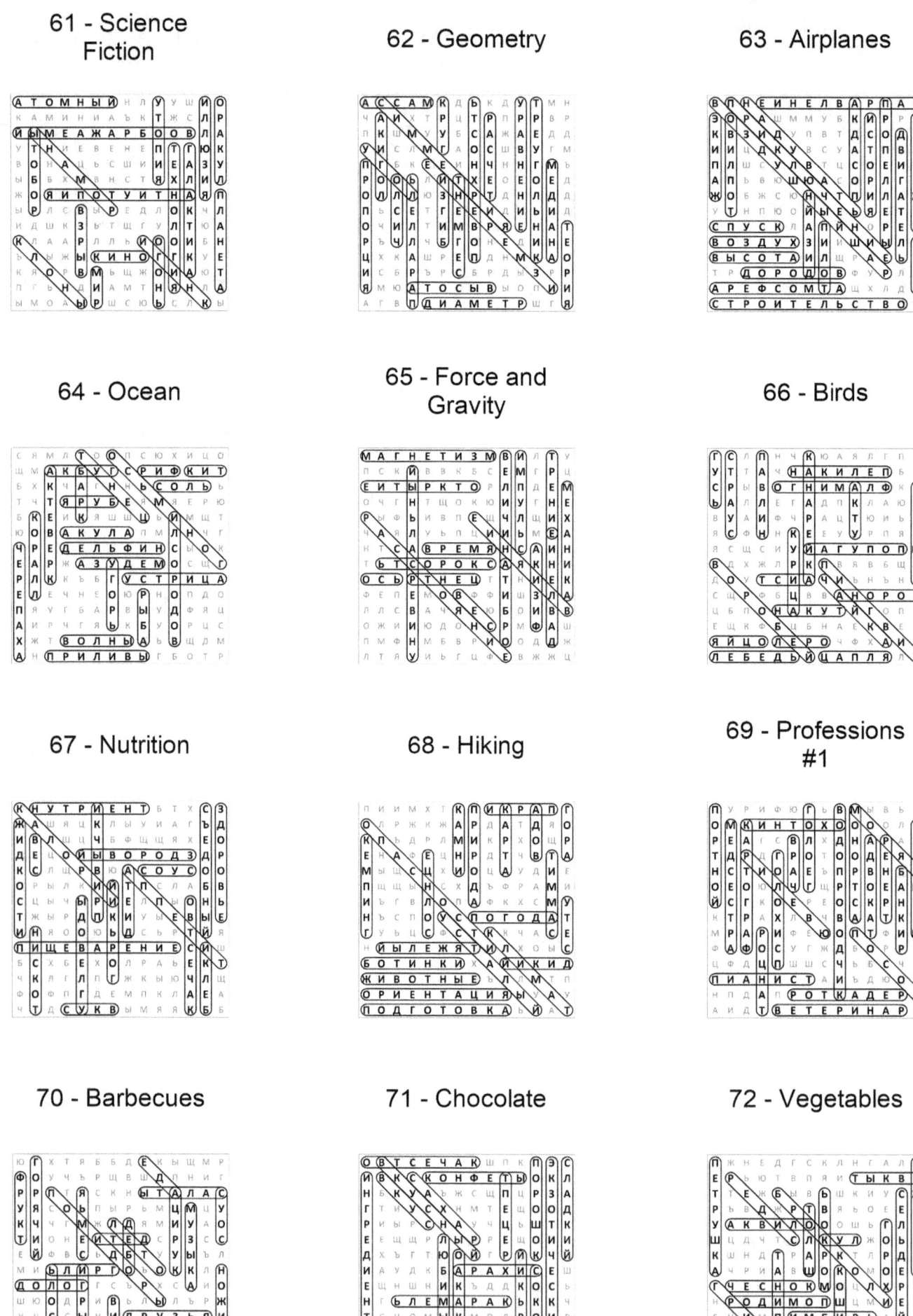

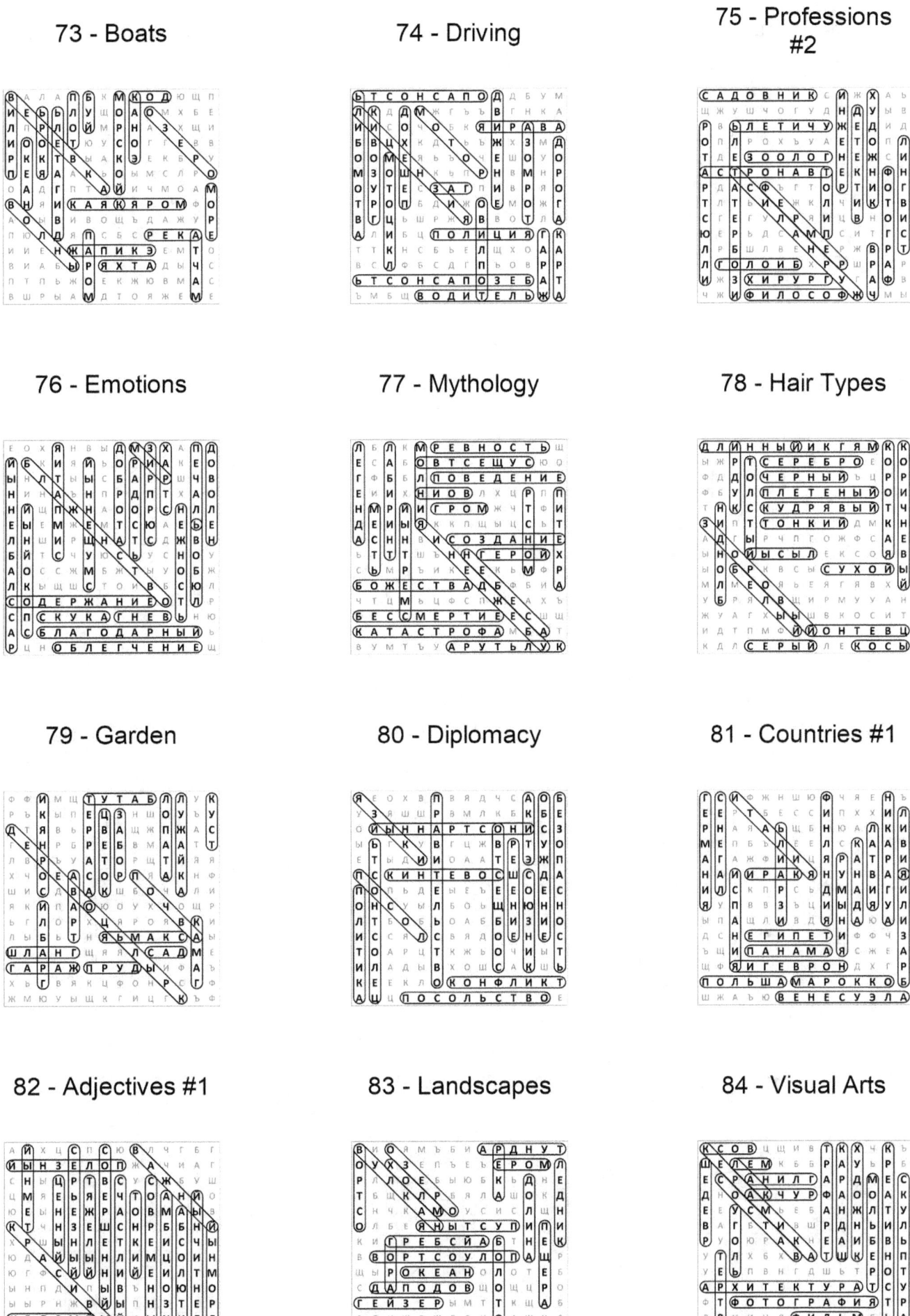

85 - Plants

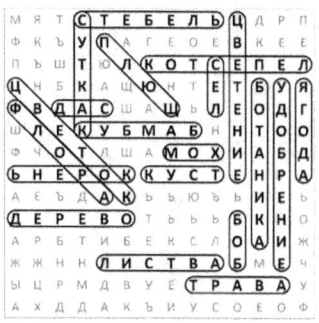

86 - Boxing

87 - Countries #2

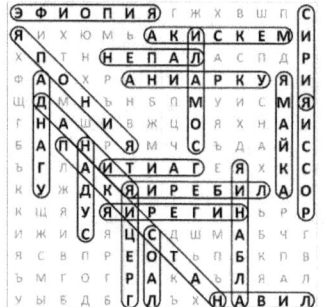

88 - Adjectives #2

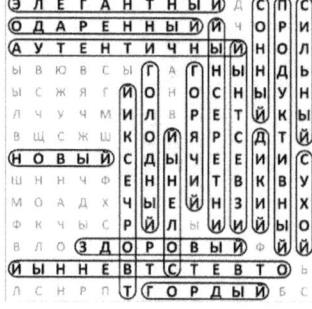

89 - Psychology

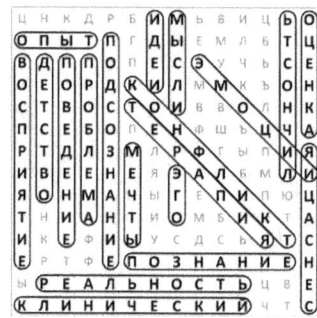

90 - Math

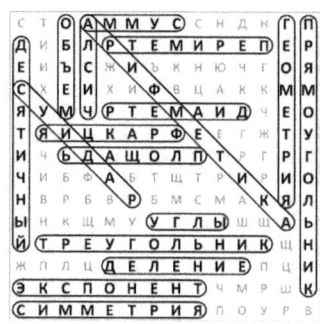

91 - Water

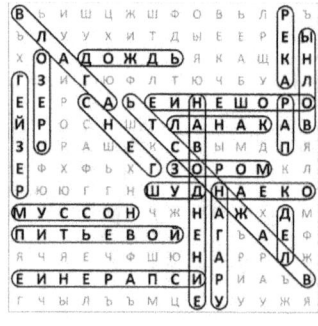

92 - Activities

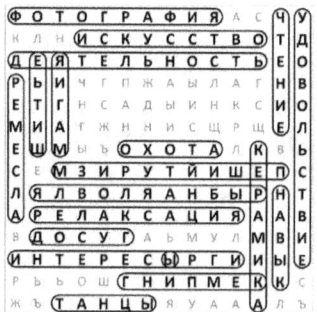

93 - Business

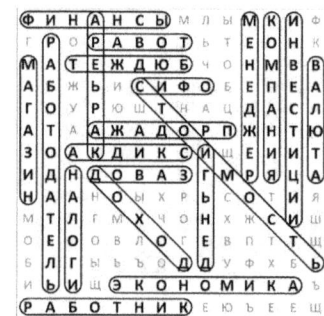

94 - Literature

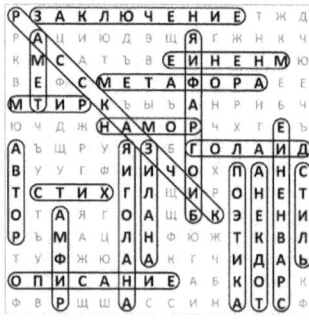

95 - Geography

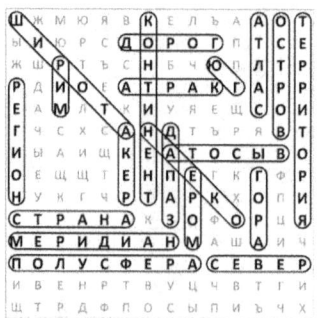

96 - Pets

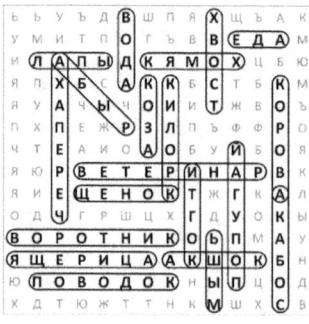

97 - Jazz
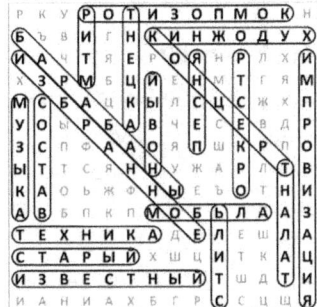

98 - Nature
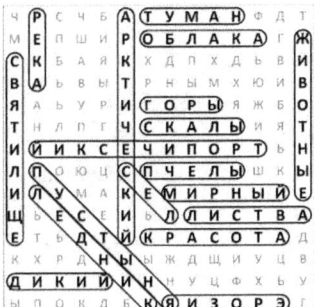

99 - Vacation #2
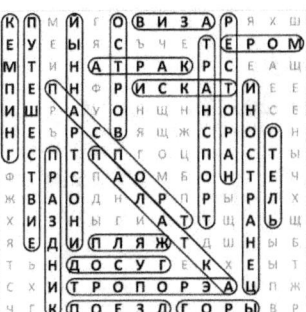

100 - Electricity
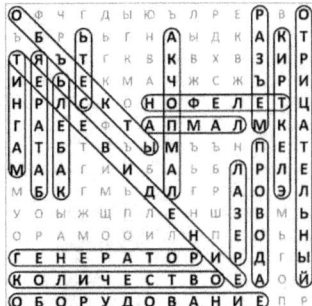

Dictionary

Activities
Виды Деятельности

Activity	Деятельность
Art	Искусство
Camping	Кемпинг
Ceramics	Керамика
Crafts	Ремесла
Dancing	Танцы
Fishing	Рыбная Ловля
Games	Игры
Gardening	Садоводство
Hiking	Пеший Туризм
Hunting	Охота
Interests	Интересы
Leisure	Досуг
Magic	Магия
Photography	Фотография
Pleasure	Удовольствие
Reading	Чтение
Relaxation	Релаксация
Sewing	Шитье
Skill	Навык

Adjectives #1
Прилагательные #1

Absolute	Абсолютный
Ambitious	Амбициозный
Aromatic	Ароматический
Beautiful	Красивый
Dark	Темный
Exotic	Экзотический
Generous	Щедрый
Happy	Счастливый
Heavy	Тяжелый
Helpful	Полезный
Honest	Честный
Huge	Огромный
Identical	Идентичный
Important	Важный
Modern	Современный
Perfect	Совершенный
Serious	Серьезный
Slow	Медленный
Thin	Тонкий
Valuable	Ценный

Adjectives #2
Прилагательные #2

Authentic	Аутентичный
Creative	Творческий
Descriptive	Описательный
Dry	Сухой
Elegant	Элегантный
Famous	Известный
Gifted	Одаренный
Healthy	Здоровый
Hot	Горячий
Hungry	Голодный
Interesting	Интересный
Natural	Естественный
New	Новый
Productive	Продуктивный
Proud	Гордый
Responsible	Ответственный
Salty	Соленый
Sleepy	Сонный
Strong	Сильный
Wild	Дикий

Adventure
Приключение

Activity	Деятельность
Beauty	Красота
Bravery	Храбрость
Challenges	Проблемы
Chance	Шанс
Dangerous	Опасный
Difficulty	Трудность
Enthusiasm	Энтузиазм
Excursion	Экскурсия
Friends	Друзья
Itinerary	Маршрут
Joy	Радость
Nature	Природа
Navigation	Навигация
New	Новый
Opportunity	Возможность
Preparation	Подготовка
Safety	Безопасность
Unusual	Необычный

Airplanes
Самолеты

Adventure	Приключение
Air	Воздух
Atmosphere	Атмосфера
Balloon	Воздушный Шар
Construction	Строительство
Crew	Экипаж
Descent	Спуск
Design	Дизайн
Direction	Направление
Engine	Двигатель
Fuel	Топливо
Height	Высота
History	История
Hydrogen	Водород
Inflate	Надувать
Landing	Посадка
Passenger	Пассажир
Pilot	Пилот
Propellers	Пропеллеры
Sky	Небо

Algebra
Алгебра

Diagram	Диаграмма
Division	Деление
Equation	Уравнение
Exponent	Экспонент
Factor	Фактор
False	Ложный
Formula	Формула
Fraction	Фракция
Graph	График
Infinite	Бесконечный
Linear	Линейный
Matrix	Матрица
Number	Число
Parenthesis	Скобка
Problem	Проблема
Simplify	Упрощать
Solution	Решение
Subtraction	Вычитание
Variable	Переменная
Zero	Нуль

Antarctica
Антарктида

Bay	Залив
Birds	Птицы
Clouds	Облака
Conservation	Сохранение
Continent	Континент
Cove	Бухточка
Expedition	Экспедиция
Geography	География
Glaciers	Ледники
Ice	Лед
Islands	Острова
Migration	Миграция
Minerals	Минералы
Peninsula	Полуостров
Researcher	Исследователь
Rocky	Скалистый
Scientific	Научный
Temperature	Температура
Topography	Топография
Water	Вода

Antiques
Антиквариат

Art	Искусство
Auction	Аукцион
Authentic	Аутентичный
Century	Век
Coins	Монеты
Collector	Коллектор
Condition	Состояние
Decades	Десятилетия
Decorative	Декоративный
Elegant	Элегантный
Furniture	Мебель
Gallery	Галерея
Investment	Инвестиции
Old	Старый
Price	Цена
Quality	Качество
Sculpture	Скульптура
Style	Стиль
Unusual	Необычный
Value	Ценность

Archeology
Археология

Analysis	Анализ
Ancient	Древний
Antiquity	Древность
Bones	Кости
Civilization	Цивилизация
Descendant	Потомок
Era	Эра
Evaluation	Оценка
Expert	Эксперт
Findings	Выводы
Forgotten	Забытый
Fossil	Ископаемое
Mystery	Тайна
Objects	Объекты
Relic	Реликвия
Researcher	Исследователь
Team	Команда
Temple	Храм
Tomb	Могила
Unknown	Неизвестный

Art Supplies
Художественные Принадлежности

Acrylic	Акриловый
Brushes	Щетки
Camera	Камера
Chair	Стул
Charcoal	Уголь
Clay	Глина
Colors	Цвета
Creativity	Креативность
Easel	Мольберт
Eraser	Ластик
Glue	Клей
Ideas	Идеи
Ink	Чернила
Oil	Масло
Paints	Краски
Paper	Бумага
Pencils	Карандаши
Table	Стол
Water	Вода
Watercolors	Акварели

Astronomy
Астрономия

Asteroid	Астероид
Astronaut	Астронавт
Astronomer	Астроном
Constellation	Созвездие
Cosmos	Космос
Earth	Земля
Eclipse	Затмение
Equinox	Равноденствие
Galaxy	Галактика
Meteor	Метеор
Moon	Луна
Nebula	Туманность
Observatory	Обсерватория
Planet	Планета
Radiation	Излучение
Rocket	Ракета
Satellite	Спутник
Sky	Небо
Supernova	Сверхновая
Zodiac	Зодиак

Ballet
Балет

Applause	Аплодисменты
Audience	Аудитория
Ballerina	Балерина
Choreography	Хореография
Composer	Композитор
Dancers	Танцоры
Expressive	Выразительный
Gesture	Жест
Intensity	Интенсивность
Lessons	Уроки
Muscles	Мышцы
Music	Музыка
Orchestra	Оркестр
Practice	Практика
Rehearsal	Репетиция
Rhythm	Ритм
Skill	Навык
Solo	Соло
Style	Стиль
Technique	Техника

Barbecues
Барбекю

Chicken	Курица
Children	Дети
Dinner	Обед
Family	Семья
Food	Еда
Forks	Вилки
Friends	Друзья
Fruit	Фрукт
Games	Игры
Grill	Гриль
Hot	Горячий
Hunger	Голод
Knives	Ножи
Music	Музыка
Salads	Салаты
Salt	Соль
Sauce	Соус
Summer	Лето
Tomatoes	Помидоры
Vegetables	Овощи

Beauty
Красота

Charm	Очарование
Color	Цвет
Cosmetics	Косметика
Curls	Кудри
Elegance	Элегантность
Elegant	Элегантный
Fragrance	Аромат
Grace	Грация
Lipstick	Помада
Mirror	Зеркало
Oils	Масла
Photogenic	Фотогеничный
Products	Продукты
Scent	Запах
Scissors	Ножницы
Services	Услуги
Shampoo	Шампунь
Skin	Кожа
Smooth	Гладкий
Stylist	Стилист

Bees
Пчелы

Beneficial	Выгодный
Blossom	Цветение
Diversity	Разнообразие
Ecosystem	Экосистема
Flowers	Цветы
Food	Еда
Fruit	Фрукт
Garden	Сад
Hive	Улей
Honey	Мед
Insect	Насекомое
Plants	Растения
Pollen	Пыльца
Pollinator	Опылитель
Queen	Королева
Smoke	Дым
Sun	Солнце
Swarm	Рой
Wax	Воск
Wings	Крылья

Birds
Птицы

Canary	Канарейка
Chicken	Курица
Crow	Ворона
Cuckoo	Кукушка
Duck	Утка
Eagle	Орел
Egg	Яйцо
Flamingo	Фламинго
Goose	Гусь
Gull	Чайка
Heron	Цапля
Ostrich	Страус
Parrot	Попугай
Peacock	Павлин
Pelican	Пеликан
Penguin	Пингвин
Sparrow	Воробей
Stork	Аист
Swan	Лебедь
Toucan	Тукан

Boats
Лодки

Anchor	Якорь
Buoy	Буй
Canoe	Каноэ
Crew	Экипаж
Dock	Док
Engine	Двигатель
Ferry	Паром
Kayak	Каяк
Lake	Озеро
Mast	Мачта
Nautical	Морской
Ocean	Океан
Raft	Плот
River	Река
Rope	Веревка
Sailor	Моряк
Sea	Море
Tide	Прилив
Waves	Волны
Yacht	Яхта

Books
Книги

Adventure	Приключение
Author	Автор
Character	Характер
Collection	Коллекция
Context	Контекст
Epic	Эпический
Historical	Исторический
Literary	Литературный
Narrator	Рассказчик
Novel	Роман
Page	Страница
Poem	Стих
Poetry	Поэзия
Reader	Читатель
Relevant	Уместный
Series	Серии
Story	История
Tragic	Трагический
Words	Слова
Written	Написано

Boxing
Заниматься Боксом

Bell	Колокол
Body	Тело
Chin	Подбородок
Corner	Угол
Elbow	Локоть
Exhausted	Измученный
Fighter	Боец
Fist	Кулак
Focus	Фокус
Gloves	Перчатки
Injuries	Травм
Kick	Пинать
Opponent	Оппонент
Points	Точки
Quick	Быстрый
Referee	Судья
Ropes	Веревки
Skill	Навык
Strength	Сила

Buildings
Здания

Apartment	Квартира
Barn	Амбар
Castle	Замок
Cinema	Кино
Embassy	Посольство
Factory	Завод
Farm	Ферма
Hospital	Больница
Hostel	Общежитие
Hotel	Отель
Laboratory	Лаборатория
Museum	Музей
Observatory	Обсерватория
School	Школа
Stadium	Стадион
Supermarket	Супермаркет
Tent	Палатка
Theater	Театр
Tower	Башня
University	Университет

Business
Бизнес

Budget	Бюджет
Career	Карьера
Company	Компания
Cost	Стоимость
Currency	Валюта
Discount	Скидка
Economics	Экономика
Employee	Работник
Employer	Работодатель
Factory	Завод
Finance	Финансы
Income	Доход
Investment	Инвестиции
Manager	Менеджер
Merchandise	Товар
Money	Деньги
Office	Офис
Sale	Продажа
Shop	Магазин
Taxes	Налоги

Camping
Кемпинг

Adventure	Приключение
Animals	Животные
Canoe	Каноэ
Compass	Компас
Equipment	Оборудование
Fire	Огонь
Forest	Лес
Fun	Веселье
Hammock	Гамак
Hat	Шляпа
Hunting	Охота
Insect	Насекомое
Lake	Озеро
Map	Карта
Moon	Луна
Mountain	Гора
Nature	Природа
Rope	Веревка
Tent	Палатка
Trees	Деревья

Cats
Кошки

Affectionate	Любящий
Claw	Коготь
Crazy	Сумасшедший
Curious	Любопытный
Fast	Быстро
Funny	Смешной
Fur	Мех
Hunter	Охотник
Independent	Независимый
Little	Маленький
Mouse	Мышь
Paw	Лапа
Personality	Личность
Playful	Игривый
Shy	Застенчивый
Sleep	Спать
Tail	Хвост
Wild	Дикий
Yarn	Пряжа

Chemistry
Химия

Acid	Кислота
Alkaline	Щелочной
Atomic	Атомный
Carbon	Углерод
Catalyst	Катализатор
Chlorine	Хлор
Electron	Электрон
Enzyme	Фермент
Gas	Газ
Heat	Жара
Hydrogen	Водород
Ion	Ион
Liquid	Жидкость
Molecule	Молекула
Nuclear	Ядерный
Organic	Органический
Oxygen	Кислород
Salt	Соль
Temperature	Температура
Weight	Вес

Chess
Шахматы

Black	Черный
Challenges	Проблемы
Champion	Чемпион
Clever	Умный
Contest	Конкурс
Diagonal	Диагональ
Game	Игра
King	Король
Opponent	Оппонент
Passive	Пассивный
Player	Игрок
Points	Точки
Queen	Королева
Rules	Правила
Sacrifice	Жертва
Strategy	Стратегия
Time	Время
Tournament	Турнир
White	Белый

Chocolate
Шоколад

Antioxidant	Антиоксидант
Aroma	Аромат
Bitter	Горький
Cacao	Какао
Calories	Калории
Candy	Конфеты
Caramel	Карамель
Coconut	Кокос
Delicious	Вкусный
Exotic	Экзотический
Favorite	Любимый
Ingredient	Ингредиент
Peanuts	Арахис
Powder	Порошок
Quality	Качество
Recipe	Рецепт
Sugar	Сахар
Sweet	Сладкий
Taste	Вкус

Circus
Цирк

Acrobat	Акробат
Animals	Животные
Candy	Конфеты
Clown	Клоун
Costume	Костюм
Elephant	Слон
Entertain	Развлекать
Juggler	Жонглер
Lion	Лев
Magic	Магия
Magician	Маг
Monkey	Обезьяна
Music	Музыка
Parade	Парад
Show	Показать
Spectator	Зритель
Tent	Палатка
Ticket	Билет
Tiger	Тигр
Trick	Обманывать

Clothes
Одежда

Apron	Фартук
Belt	Пояс
Blouse	Блуза
Bracelet	Браслет
Coat	Пальто
Dress	Платье
Fashion	Мода
Gloves	Перчатки
Hat	Шляпа
Jacket	Куртка
Jeans	Джинсы
Necklace	Ожерелье
Pajamas	Пижама
Pants	Брюки
Sandals	Сандалии
Scarf	Шарф
Shirt	Рубашка
Shoe	Обувь
Skirt	Юбка
Sweater	Свитер

Coffee
Кофе

Aroma	Аромат
Beverage	Напиток
Bitter	Горький
Black	Черный
Caffeine	Кофеин
Cream	Крем
Cup	Чашка
Filter	Фильтр
Flavor	Вкус
Grind	Молоть
Liquid	Жидкость
Milk	Молоко
Morning	Утро
Origin	Происхождение
Price	Цена
Roasted	Жареный
Sugar	Сахар
To Drink	Пить
Variety	Разнообразие
Water	Вода

Countries #1
Страны #1

Brazil	Бразилия
Canada	Канада
Egypt	Египет
Finland	Финляндия
Germany	Германия
Iraq	Ирак
Israel	Израиль
Italy	Италия
Latvia	Латвия
Libya	Ливия
Morocco	Марокко
Nicaragua	Никарагуа
Norway	Норвегия
Panama	Панама
Poland	Польша
Romania	Румыния
Senegal	Сенегал
Spain	Испания
Venezuela	Венесуэла
Vietnam	Вьетнам

Countries #2
Страны #2

Albania	Албания
Denmark	Дания
Ethiopia	Эфиопия
Greece	Греция
Haiti	Гаити
Jamaica	Ямайка
Japan	Япония
Laos	Лаос
Lebanon	Ливан
Liberia	Либерия
Mexico	Мексика
Nepal	Непал
Nigeria	Нигерия
Pakistan	Пакистан
Russia	Россия
Somalia	Сомали
Sudan	Судан
Syria	Сирия
Uganda	Уганда
Ukraine	Украина

Dance
Танец

Academy	Академия
Art	Искусство
Body	Тело
Choreography	Хореография
Classical	Классический
Cultural	Культурный
Culture	Культура
Emotion	Эмоция
Expressive	Выразительный
Grace	Грация
Joyful	Радостный
Movement	Движение
Music	Музыка
Partner	Партнер
Posture	Поза
Rehearsal	Репетиция
Rhythm	Ритм
Traditional	Традиционный
Visual	Визуальный

Days and Months
Дни и Месяцы

April	Апрель
August	Август
Calendar	Календарь
February	Февраль
Friday	Пятница
January	Январь
July	Июль
March	Март
Monday	Понедельник
Month	Месяц
November	Ноябрь
October	Октябрь
Saturday	Суббота
September	Сентябрь
Sunday	Воскресенье
Thursday	Четверг
Tuesday	Вторник
Wednesday	Среда
Week	Неделя
Year	Год

Diplomacy
Дипломатия

Adviser	Советник
Ally	Союзник
Ambassador	Посол
Citizens	Граждане
Civic	Гражданский
Community	Сообщество
Conflict	Конфликт
Discussion	Обсуждение
Embassy	Посольство
Ethics	Этика
Foreign	Иностранный
Government	Правительство
Humanitarian	Гуманитарный
Integrity	Целостность
Languages	Языки
Politics	Политика
Resolution	Резолюция
Security	Безопасность
Solution	Решение
Treaty	Договор

Driving
Вождение

Accident	Авария
Brakes	Тормоза
Car	Автомобиль
Danger	Опасность
Driver	Водитель
Fuel	Топливо
Garage	Гараж
Gas	Газ
License	Лицензия
Map	Карта
Motor	Мотор
Motorcycle	Мотоцикл
Pedestrian	Пешеход
Police	Полиция
Road	Дорога
Safety	Безопасность
Speed	Скорость
Traffic	Движение
Truck	Грузовик
Tunnel	Туннель

Electricity
Электричество

Battery	Батарея
Bulb	Лампочка
Cable	Кабель
Electric	Электрический
Electrician	Электрик
Equipment	Оборудование
Generator	Генератор
Lamp	Лампа
Laser	Лазер
Magnet	Магнит
Negative	Отрицательный
Network	Сеть
Objects	Объекты
Positive	Положительный
Quantity	Количество
Socket	Разъем
Telephone	Телефон
Television	Телевидение
Wires	Провода

Emotions
Эмоции

Anger	Гнев
Bliss	Блаженство
Boredom	Скука
Calm	Спокойный
Content	Содержание
Embarrassed	Смущенный
Fear	Страх
Grateful	Благодарный
Joy	Радость
Kindness	Доброта
Love	Любовь
Peace	Мир
Relaxed	Расслабленный
Relief	Облегчение
Sadness	Печаль
Satisfied	Доволен
Surprise	Сюрприз
Sympathy	Симпатия
Tenderness	Нежность
Tranquility	Спокойствие

Energy
Энергия

Battery	Батарея
Carbon	Углерод
Diesel	Дизель
Electric	Электрический
Electron	Электрон
Engine	Двигатель
Entropy	Энтропия
Fuel	Топливо
Gasoline	Бензин
Heat	Жара
Hydrogen	Водород
Motor	Мотор
Nuclear	Ядерный
Photon	Фотон
Pollution	Загрязнение
Steam	Пар
Sun	Солнце
Turbine	Турбина
Wind	Ветер

Engineering
Инженерия

Angle	Угол
Axis	Ось
Calculation	Расчет
Construction	Строительство
Depth	Глубина
Diagram	Диаграмма
Diameter	Диаметр
Diesel	Дизель
Distribution	Распределение
Energy	Энергия
Engine	Двигатель
Gears	Шестерни
Levers	Рычаги
Liquid	Жидкость
Machine	Машина
Measurement	Измерение
Motor	Мотор
Stability	Стабильность
Strength	Сила
Structure	Структура

Family
Семья

Ancestor	Предок
Aunt	Тетя
Brother	Брат
Child	Ребенок
Childhood	Детство
Children	Дети
Daughter	Дочь
Father	Отец
Grandfather	Дед
Grandmother	Бабушка
Grandson	Внук
Husband	Муж
Maternal	Материнский
Mother	Мать
Nephew	Племянник
Niece	Племянница
Paternal	Отцовский
Sister	Сестра
Uncle	Дядя
Wife	Жена

Farm #1
Ферма #1

Bee	Пчела
Bison	Зубр
Calf	Телец
Cat	Кошка
Chicken	Курица
Cow	Корова
Crow	Ворона
Dog	Собака
Donkey	Осел
Fence	Забор
Fertilizer	Удобрение
Field	Поле
Flock	Стадо
Goat	Коза
Hay	Сено
Honey	Мед
Horse	Лошадь
Rice	Рис
Seeds	Семена
Water	Вода

Farm #2
Ферма #2

Animals	Животные
Barley	Ячмень
Barn	Амбар
Corn	Кукуруза
Duck	Утка
Farmer	Фермер
Food	Еда
Fruit	Фрукт
Irrigation	Орошение
Lamb	Ягненок
Llama	Лама
Meadow	Луг
Milk	Молоко
Orchard	Сад
Sheep	Овца
Shepherd	Пасти
To Grow	Расти
Tractor	Трактор
Vegetable	Овощ
Wheat	Пшеница

Fashion
Мода

Affordable	Доступный
Boutique	Бутик
Buttons	Кнопки
Clothing	Одежда
Comfortable	Удобный
Elegant	Элегантный
Embroidery	Вышивка
Expensive	Дорогой
Fabric	Ткань
Lace	Кружево
Measurements	Измерения
Minimalist	Минималист
Modern	Современный
Modest	Скромный
Original	Оригинал
Pattern	Шаблон
Practical	Практический
Style	Стиль
Texture	Текстура
Trend	Тенденция

Fishing
Рыбалка

Bait	Приманка
Basket	Корзина
Beach	Пляж
Boat	Лодка
Cook	Повар
Equipment	Оборудование
Exaggeration	Преувеличение
Fins	Плавники
Gills	Жабры
Hook	Крюк
Jaw	Челюсть
Lake	Озеро
Ocean	Океан
Patience	Терпение
River	Река
Scales	Весы
Season	Сезон
Water	Вода
Weight	Вес
Wire	Провод

Flowers
Цветы

Bouquet	Букет
Calendula	Календула
Clover	Клевер
Daisy	Маргаритка
Dandelion	Одуванчик
Gardenia	Гардения
Hibiscus	Гибискус
Jasmine	Жасмин
Lavender	Лаванда
Lilac	Сирень
Lily	Лилия
Magnolia	Магнолия
Orchid	Орхидея
Peony	Пион
Petal	Лепесток
Plumeria	Плюмерия
Poppy	Мак
Rose	Роза
Sunflower	Подсолнух
Tulip	Тюльпан

Food #1
Еда #1

Apricot	Абрикос
Barley	Ячмень
Basil	Базилик
Carrot	Морковь
Cinnamon	Корица
Garlic	Чеснок
Juice	Сок
Lemon	Лимон
Milk	Молоко
Onion	Лук
Peanut	Арахис
Pear	Груша
Salad	Салат
Salt	Соль
Soup	Суп
Spinach	Шпинат
Strawberry	Клубника
Sugar	Сахар
Tuna	Тунец
Turnip	Репа

Food #2
Еда #2

Apple	Яблоко
Artichoke	Артишок
Banana	Банан
Broccoli	Брокколи
Celery	Сельдерей
Cheese	Сыр
Cherry	Вишня
Chicken	Курица
Chocolate	Шоколад
Egg	Яйцо
Eggplant	Баклажан
Fish	Рыба
Grape	Виноград
Ham	Ветчина
Kiwi	Киви
Mushroom	Гриб
Rice	Рис
Tomato	Помидор
Wheat	Пшеница
Yogurt	Йогурт

Force and Gravity
Сила и Гравитация

Axis	Ось
Center	Центр
Discovery	Открытие
Distance	Расстояние
Dynamic	Динамический
Expansion	Расширение
Friction	Трение
Impact	Влияние
Magnetism	Магнетизм
Magnitude	Величина
Mechanics	Механика
Momentum	Импульс
Orbit	Орбита
Physics	Физика
Pressure	Давление
Properties	Свойства
Speed	Скорость
Time	Время
Universal	Универсальный
Weight	Вес

Fruit
Фрукты

Apple	Яблоко
Apricot	Абрикос
Avocado	Авокадо
Banana	Банан
Berry	Ягода
Cherry	Вишня
Coconut	Кокос
Fig	Инжир
Grape	Виноград
Guava	Гуава
Kiwi	Киви
Lemon	Лимон
Mango	Манго
Melon	Дыня
Nectarine	Нектарин
Papaya	Папайя
Peach	Персик
Pear	Груша
Pineapple	Ананас
Raspberry	Малина

Garden
Сад

Bench	Скамья
Bush	Куст
Fence	Забор
Flower	Цветок
Garage	Гараж
Garden	Сад
Grass	Трава
Hammock	Гамак
Hose	Шланг
Lawn	Лужайка
Pond	Пруд
Porch	Крыльцо
Rake	Грабли
Shovel	Лопата
Soil	Почва
Terrace	Терраса
Trampoline	Батут
Tree	Дерево
Weeds	Сорняки

Gardening
Садоводство

Blossom	Цветение
Botanical	Ботанический
Bouquet	Букет
Climate	Климат
Compost	Компост
Container	Контейнер
Dirt	Грязь
Edible	Съедобный
Exotic	Экзотический
Floral	Цветочный
Foliage	Листва
Hose	Шланг
Leaf	Лист
Moisture	Влага
Orchard	Сад
Seasonal	Сезонный
Seeds	Семена
Soil	Почва
Species	Вид
Water	Вода

Geography
География

Altitude	Высота
Atlas	Атлас
City	Город
Continent	Континент
Country	Страна
Hemisphere	Полусфера
Island	Остров
Latitude	Широта
Map	Карта
Meridian	Меридиан
Mountain	Гора
North	Север
Ocean	Океан
Region	Регион
River	Река
Sea	Море
South	Юг
Territory	Территория
West	Запад
World	Мир

Geology
Геология

Acid	Кислота
Calcium	Кальций
Cavern	Пещера
Continent	Континент
Coral	Коралл
Crystals	Кристаллы
Cycles	Циклы
Earthquake	Землетрясение
Erosion	Эрозия
Fossil	Ископаемое
Geyser	Гейзер
Lava	Лава
Layer	Слой
Minerals	Минералы
Plateau	Плато
Quartz	Кварц
Salt	Соль
Stalactite	Сталактит
Stone	Камень
Volcano	Вулкан

Geometry
Геометрия

Angle	Угол
Calculation	Расчет
Circle	Круг
Curve	Изгиб
Diameter	Диаметр
Dimension	Измерение
Equation	Уравнение
Height	Высота
Logic	Логика
Mass	Масса
Median	Медиана
Number	Число
Parallel	Параллель
Proportion	Пропорция
Segment	Сегмент
Surface	Поверхность
Symmetry	Симметрия
Theory	Теория
Triangle	Треугольник
Vertical	Вертикальный

Government
Правительство

Citizenship	Гражданство
Civil	Гражданский
Constitution	Конституция
Democracy	Демократия
Discussion	Обсуждение
District	Район
Equality	Равенство
Independence	Независимость
Judicial	Судебный
Law	Закон
Leader	Лидер
Liberty	Свобода
Monument	Памятник
Nation	Нация
National	Национальный
Peaceful	Мирный
Politics	Политика
Speech	Речь
State	Государство
Symbol	Символ

Hair Types
Типы Волос

Bald	Лысый
Black	Черный
Blond	Блондин
Braided	Плетеный
Braids	Косы
Brown	Коричневый
Colored	Цветной
Curls	Кудри
Curly	Кудрявый
Dry	Сухой
Gray	Серый
Healthy	Здоровый
Long	Длинный
Shiny	Блестящий
Short	Короткая
Silver	Серебро
Soft	Мягкий
Thick	Толстый
Thin	Тонкий
White	Белый

Health and Wellness #1
Здоровье и Благополучие #1

Active	Активный
Bacteria	Бактерии
Bones	Кости
Clinic	Клиника
Doctor	Врач
Fracture	Перелом
Habit	Привычка
Height	Высота
Hormones	Гормоны
Hunger	Голод
Muscles	Мышцы
Nerves	Нервы
Pharmacy	Аптека
Reflex	Рефлекс
Relaxation	Релаксация
Skin	Кожа
Therapy	Терапия
To Breathe	Дышать
Treatment	Лечение
Virus	Вирус

Health and Wellness #2
Здоровье и Благополучие #2

Allergy	Аллергия
Anatomy	Анатомия
Appetite	Аппетит
Blood	Кровь
Calorie	Калория
Dehydration	Обезвоживание
Diet	Диета
Disease	Болезнь
Energy	Энергия
Genetics	Генетика
Healthy	Здоровый
Hospital	Больница
Hygiene	Гигиена
Infection	Инфекция
Massage	Массаж
Mood	Настроение
Nutrition	Питание
Stress	Стресс
Vitamin	Витамин
Weight	Вес

Herbalism
Тимбализм

Aromatic	Ароматический
Basil	Базилик
Beneficial	Выгодный
Culinary	Кулинарный
Fennel	Фенхель
Flavor	Вкус
Flower	Цветок
Garden	Сад
Garlic	Чеснок
Green	Зеленый
Ingredient	Ингредиент
Lavender	Лаванда
Marjoram	Майоран
Mint	Мята
Oregano	Орегано
Parsley	Петрушка
Plant	Растение
Rosemary	Розмарин
Saffron	Шафран
Tarragon	Эстрагон

Hiking
Пеший Туризм

Animals	Животные
Boots	Ботинки
Camping	Кемпинг
Cliff	Утес
Climate	Климат
Hazards	Опасности
Heavy	Тяжелый
Map	Карта
Mountain	Гора
Nature	Природа
Orientation	Ориентация
Parks	Парки
Preparation	Подготовка
Stones	Камни
Summit	Саммит
Sun	Солнце
Tired	Усталый
Water	Вода
Weather	Погода
Wild	Дикий

House
Дом

Attic	Чердак
Broom	Метла
Curtains	Шторы
Door	Дверь
Fence	Забор
Fireplace	Камин
Floor	Этаж
Furniture	Мебель
Garage	Гараж
Garden	Сад
Keys	Ключи
Kitchen	Кухня
Lamp	Лампа
Library	Библиотека
Mirror	Зеркало
Roof	Крыша
Room	Комната
Shower	Душ
Wall	Стена
Window	Окно

Human Body
Тело Человека

Ankle	Лодыжка
Blood	Кровь
Bones	Кости
Brain	Мозг
Chin	Подбородок
Ear	Ухо
Elbow	Локоть
Face	Лицо
Finger	Палец
Hand	Рука
Head	Голова
Heart	Сердце
Jaw	Челюсть
Knee	Колено
Leg	Нога
Mouth	Рот
Neck	Шея
Nose	Нос
Shoulder	Плечо
Skin	Кожа

Insects
Насекомые

Ant	Муравей
Aphid	Тля
Bee	Пчела
Beetle	Жук
Butterfly	Бабочка
Cicada	Цикада
Cockroach	Таракан
Dragonfly	Стрекоза
Flea	Блоха
Grasshopper	Кузнечик
Hornet	Шершень
Ladybug	Божья Коровка
Larva	Личинка
Locust	Саранча
Mantis	Богомол
Mosquito	Комар
Termite	Термит
Wasp	Оса
Worm	Червь

Jazz
Джаз

Album	Альбом
Applause	Аплодисменты
Artist	Художник
Composer	Композитор
Composition	Состав
Concert	Концерт
Drums	Барабаны
Emphasis	Акцент
Famous	Известный
Favorites	Избранное
Improvisation	Импровизация
Music	Музыка
New	Новый
Old	Старый
Orchestra	Оркестр
Rhythm	Ритм
Song	Песня
Style	Стиль
Talent	Талант
Technique	Техника

Kitchen
Кухня

Apron	Фартук
Bowl	Чаша
Cups	Чашки
Food	Еда
Forks	Вилки
Freezer	Морозилка
Grill	Гриль
Jar	Банка
Jug	Кувшин
Kettle	Чайник
Knives	Ножи
Ladle	Ковш
Napkin	Салфетка
Oven	Печь
Recipe	Рецепт
Refrigerator	Холодильник
Spices	Специи
Sponge	Губка
Spoons	Ложки

Landscapes
Пейзажи

Beach	Пляж
Cave	Пещера
Desert	Пустыня
Geyser	Гейзер
Glacier	Ледник
Hill	Холм
Iceberg	Айсберг
Island	Остров
Lake	Озеро
Mountain	Гора
Oasis	Оазис
Ocean	Океан
Peninsula	Полуостров
River	Река
Sea	Море
Swamp	Болото
Tundra	Тундра
Valley	Долина
Volcano	Вулкан
Waterfall	Водопад

Literature
Литература

Analogy	Аналогия
Analysis	Анализ
Anecdote	Анекдот
Author	Автор
Biography	Биография
Comparison	Сравнение
Conclusion	Заключение
Description	Описание
Dialogue	Диалог
Metaphor	Метафора
Narrator	Рассказчик
Novel	Роман
Opinion	Мнение
Poem	Стих
Poetic	Поэтика
Rhyme	Рифма
Rhythm	Ритм
Style	Стиль
Theme	Тема
Tragedy	Трагедия

Mammals
Млекопитающие

Bear	Медведь
Beaver	Бобр
Bull	Бык
Cat	Кошка
Coyote	Койот
Dog	Собака
Dolphin	Дельфин
Elephant	Слон
Fox	Лиса
Giraffe	Жираф
Gorilla	Горилла
Horse	Лошадь
Kangaroo	Кенгуру
Lion	Лев
Monkey	Обезьяна
Rabbit	Кролик
Sheep	Овца
Whale	Кит
Wolf	Волк
Zebra	Зебра

Math
Математика

Angles	Углы
Arithmetic	Арифметика
Decimal	Десятичный
Diameter	Диаметр
Division	Деление
Equation	Уравнение
Exponent	Экспонент
Fraction	Фракция
Geometry	Геометрия
Numbers	Числа
Parallel	Параллель
Perimeter	Периметр
Polygon	Полигон
Radius	Радиус
Rectangle	Прямоугольник
Square	Площадь
Sum	Сумма
Symmetry	Симметрия
Triangle	Треугольник
Volume	Объем

Measurements
Измерения

Byte	Байт
Centimeter	Сантиметр
Decimal	Десятичный
Degree	Степень
Depth	Глубина
Gram	Грамм
Height	Высота
Inch	Дюйм
Kilogram	Килограмм
Kilometer	Километр
Length	Длина
Liter	Литр
Mass	Масса
Meter	Метр
Minute	Минута
Ounce	Унция
Ton	Тонна
Volume	Объем
Weight	Вес
Width	Ширина

Meditation
Медитация

Acceptance	Принятие
Attention	Внимание
Awake	Бодрствующий
Breathing	Дыхание
Calm	Спокойный
Clarity	Ясность
Compassion	Сострадание
Emotions	Эмоции
Gratitude	Благодарность
Habits	Привычки
Kindness	Доброта
Mental	Умственный
Mind	Ум
Movement	Движение
Music	Музыка
Nature	Природа
Peace	Мир
Perspective	Перспектива
Silence	Тишина
Thoughts	Мысли

Music
Музыка

Album	Альбом
Ballad	Баллада
Chorus	Хор
Classical	Классический
Eclectic	Эклектичный
Harmonic	Гармонический
Harmony	Гармония
Lyrical	Лирический
Melody	Мелодия
Microphone	Микрофон
Musical	Музыкальный
Musician	Музыкант
Opera	Опера
Poetic	Поэтика
Recording	Запись
Rhythm	Ритм
Rhythmic	Ритмичный
Sing	Петь
Singer	Певец
Vocal	Вокал

Musical Instruments
Музыкальные Инструменты

Banjo	Банджо
Bassoon	Фагот
Cello	Виолончель
Clarinet	Кларнет
Drum	Барабан
Flute	Флейта
Gong	Гонг
Guitar	Гитара
Harmonica	Гармоника
Harp	Арфа
Mandolin	Мандолина
Marimba	Маримба
Oboe	Гобой
Percussion	Перкуссия
Piano	Пианино
Saxophone	Саксофон
Tambourine	Бубен
Trombone	Тромбон
Trumpet	Труба
Violin	Скрипка

Mythology
Мифология

Archetype	Архетип
Behavior	Поведение
Beliefs	Убеждения
Creation	Создание
Creature	Существо
Culture	Культура
Deities	Божества
Disaster	Катастрофа
Heaven	Небеса
Hero	Герой
Immortality	Бессмертие
Jealousy	Ревность
Labyrinth	Лабиринт
Legend	Легенда
Lightning	Молния
Monster	Монстр
Mortal	Смертный
Revenge	Месть
Thunder	Гром
Warrior	Воин

Nature
Природа

Animals	Животные
Arctic	Арктический
Beauty	Красота
Bees	Пчелы
Cliffs	Скалы
Clouds	Облака
Desert	Пустыня
Dynamic	Динамический
Erosion	Эрозия
Fog	Туман
Foliage	Листва
Forest	Лес
Glacier	Ледник
Mountains	Горы
Peaceful	Мирный
River	Река
Sanctuary	Святилище
Serene	Безмятежный
Tropical	Тропический
Wild	Дикий

Numbers
Цифры

Decimal	Десятичный
Eight	Восемь
Eighteen	Восемнадцать
Fifteen	Пятнадцать
Five	Пять
Four	Четыре
Fourteen	Четырнадцать
Nine	Девять
Nineteen	Девятнадцать
One	Один
Seven	Семь
Seventeen	Семнадцать
Six	Шесть
Sixteen	Шестнадцать
Ten	Десять
Thirteen	Тринадцать
Three	Три
Twelve	Двенадцать
Twenty	Двадцать
Two	Два

Nutrition
Питание

Appetite	Аппетит
Bitter	Горький
Calories	Калории
Carbohydrates	Углеводы
Diet	Диета
Digestion	Пищеварение
Edible	Съедобный
Fermentation	Ферментация
Flavor	Вкус
Habits	Привычки
Health	Здоровье
Healthy	Здоровый
Liquids	Жидкости
Nutrient	Нутриент
Proteins	Белки
Quality	Качество
Sauce	Соус
Toxin	Токсин
Vitamin	Витамин
Weight	Вес

Ocean
Океан

Algae	Водоросли
Coral	Коралл
Crab	Краб
Dolphin	Дельфин
Eel	Угорь
Fish	Рыба
Jellyfish	Медуза
Octopus	Осьминог
Oyster	Устрица
Reef	Риф
Salt	Соль
Shark	Акула
Shrimp	Креветка
Sponge	Губка
Storm	Буря
Tides	Приливы
Tuna	Тунец
Turtle	Черепаха
Waves	Волны
Whale	Кит

Pets
Домашние Животные

Cat	Кошка
Claws	Когти
Collar	Воротник
Cow	Корова
Dog	Собака
Fish	Рыба
Food	Еда
Goat	Коза
Hamster	Хомяк
Leash	Поводок
Lizard	Ящерица
Mouse	Мышь
Parrot	Попугай
Paws	Лапы
Puppy	Щенок
Rabbit	Кролик
Tail	Хвост
Turtle	Черепаха
Veterinarian	Ветеринар
Water	Вода

Philanthropy
Филантропия

Challenges	Проблемы
Children	Дети
Community	Сообщество
Contacts	Контакты
Finance	Финансы
Funds	Фонды
Generosity	Щедрость
Global	Глобальный
Goals	Цели
Groups	Группы
History	История
Honesty	Честность
Humanity	Человечество
Mission	Миссия
Need	Нужно
People	Люди
Programs	Программы
Public	Общественный
Youth	Молодежь

Physics
Физика

Acceleration	Ускорение
Atom	Атом
Chaos	Хаос
Chemical	Химические
Density	Плотность
Electron	Электрон
Engine	Двигатель
Expansion	Расширение
Experiment	Эксперимент
Formula	Формула
Frequency	Частота
Gas	Газ
Magnetism	Магнетизм
Mass	Масса
Mechanics	Механика
Molecule	Молекула
Nuclear	Ядерный
Particle	Частица
Speed	Скорость
Universal	Универсальный

Plants
Растения

Bamboo	Бамбук
Bean	Боб
Berry	Ягода
Blossom	Цветение
Botany	Ботаника
Bush	Куст
Cactus	Кактус
Fertilizer	Удобрение
Flora	Флора
Flower	Цветок
Foliage	Листва
Forest	Лес
Garden	Сад
Grass	Трава
Ivy	Плющ
Moss	Мох
Petal	Лепесток
Root	Корень
Stem	Стебель
Tree	Дерево

Professions #1
Профессии #1

Ambassador	Посол
Astronomer	Астроном
Attorney	Адвокат
Banker	Банкир
Cartographer	Картограф
Coach	Тренер
Dancer	Танцор
Doctor	Врач
Editor	Редактор
Geologist	Геолог
Hunter	Охотник
Jeweler	Ювелир
Musician	Музыкант
Nurse	Медсестра
Pianist	Пианист
Plumber	Водопроводчик
Psychologist	Психолог
Sailor	Моряк
Tailor	Портной
Veterinarian	Ветеринар

Professions #2
Профессии #2

Astronaut	Астронавт
Biologist	Биолог
Dentist	Стоматолог
Detective	Детектив
Engineer	Инженер
Farmer	Фермер
Gardener	Садовник
Illustrator	Иллюстратор
Inventor	Изобретатель
Journalist	Журналист
Librarian	Библиотекарь
Linguist	Лингвист
Painter	Художник
Philosopher	Философ
Photographer	Фотограф
Physician	Врач
Pilot	Пилот
Surgeon	Хирург
Teacher	Учитель
Zoologist	Зоолог

Psychology
Психология

Assessment	Оценка
Behavior	Поведение
Childhood	Детство
Clinical	Клинический
Cognition	Познание
Conflict	Конфликт
Dreams	Мечты
Ego	Эго
Emotions	Эмоции
Experiences	Опыт
Ideas	Идеи
Perception	Восприятие
Personality	Личность
Problem	Проблема
Reality	Реальность
Sensation	Сенсация
Subconscious	Подсознание
Therapy	Терапия
Thoughts	Мысли
Unconscious	Без Сознания

Restaurant #2
Ресторан #2

Appetizer	Закуска
Beverage	Напиток
Cake	Торт
Chair	Стул
Delicious	Вкусный
Dinner	Обед
Eggs	Яйца
Fish	Рыба
Fork	Вилка
Fruit	Фрукт
Ice	Лед
Noodles	Лапша
Salad	Салат
Salt	Соль
Soup	Суп
Spices	Специи
Spoon	Ложка
Vegetables	Овощи
Waiter	Официант
Water	Вода

Science
Наука

Atom	Атом
Chemical	Химические
Climate	Климат
Data	Данные
Evolution	Эволюция
Experiment	Эксперимент
Fact	Факт
Fossil	Ископаемое
Gravity	Гравитация
Hypothesis	Гипотеза
Laboratory	Лаборатория
Method	Метод
Minerals	Минералы
Molecules	Молекулы
Nature	Природа
Organism	Организм
Particles	Частицы
Physics	Физика
Plants	Растения
Scientist	Ученый

Science Fiction
Научная Фантастика

Atomic	Атомный
Books	Книги
Cinema	Кино
Clones	Клоны
Dystopia	Антиутопия
Explosion	Взрыв
Extreme	Экстремальный
Fire	Огонь
Galaxy	Галактика
Illusion	Иллюзия
Imaginary	Воображаемый
Mysterious	Таинственный
Novels	Романы
Oracle	Оракул
Planet	Планета
Realistic	Реалистичный
Robots	Роботы
Technology	Технология
Utopia	Утопия
World	Мир

Scientific Disciplines
Научные Дисциплины

Anatomy	Анатомия
Archaeology	Археология
Astronomy	Астрономия
Biochemistry	Биохимия
Biology	Биология
Botany	Ботаника
Chemistry	Химия
Ecology	Экология
Geology	Геология
Immunology	Иммунология
Kinesiology	Кинезиология
Linguistics	Лингвистика
Mechanics	Механика
Mineralogy	Минералогия
Neurology	Неврология
Physiology	Физиология
Psychology	Психология
Sociology	Социология
Thermodynamics	Термодинамика
Zoology	Зоология

Shapes
Формы

Arc	Дуга
Circle	Круг
Cone	Конус
Corner	Угол
Cube	Куб
Curve	Изгиб
Cylinder	Цилиндр
Edges	Края
Ellipse	Эллипс
Hyperbola	Гипербола
Line	Линия
Oval	Овальный
Polygon	Полигон
Prism	Призма
Pyramid	Пирамида
Rectangle	Прямоугольник
Side	Сторона
Sphere	Сфера
Square	Площадь
Triangle	Треугольник

Spices
Специи

Anise	Анис
Bitter	Горький
Cardamom	Кардамон
Cinnamon	Корица
Clove	Гвоздика
Coriander	Кориандр
Cumin	Тмин
Curry	Карри
Fennel	Фенхель
Fenugreek	Пажитник
Flavor	Вкус
Garlic	Чеснок
Ginger	Имбирь
Licorice	Солодка
Onion	Лук
Paprika	Паприка
Saffron	Шафран
Salt	Соль
Sweet	Сладкий
Vanilla	Ваниль

Time
Время

Annual	Ежегодный
Before	До
Calendar	Календарь
Century	Век
Clock	Часы
Day	День
Decade	Десятилетие
Early	Рано
Future	Будущее
Hour	Час
Minute	Минута
Month	Месяц
Morning	Утро
Night	Ночь
Noon	Полдень
Now	Сейчас
Soon	Скоро
Today	Сегодня
Week	Неделя
Year	Год

Town
Город

Airport	Аэропорт
Bakery	Пекарня
Bank	Банк
Cafe	Кафе
Cinema	Кино
Clinic	Клиника
Florist	Флорист
Gallery	Галерея
Hotel	Отель
Library	Библиотека
Market	Рынок
Museum	Музей
Pharmacy	Аптека
School	Школа
Stadium	Стадион
Store	Магазин
Supermarket	Супермаркет
Theater	Театр
University	Университет
Zoo	Зоопарк

Universe
Вселенная

Asteroid	Астероид
Astronomer	Астроном
Astronomy	Астрономия
Atmosphere	Атмосфера
Celestial	Небесный
Cosmic	Космический
Darkness	Темнота
Eon	Вечность
Galaxy	Галактика
Hemisphere	Полусфера
Horizon	Горизонт
Latitude	Широта
Moon	Луна
Orbit	Орбита
Sky	Небо
Solar	Солнечный
Solstice	Солнцестояние
Telescope	Телескоп
Visible	Видимый
Zodiac	Зодиак

Vacation #2
Отпуск #2

Airport	Аэропорт
Beach	Пляж
Camping	Кемпинг
Foreign	Иностранный
Foreigner	Иностранец
Holiday	Праздник
Hotel	Отель
Island	Остров
Journey	Путешествие
Leisure	Досуг
Map	Карта
Mountains	Горы
Passport	Паспорт
Restaurant	Ресторан
Sea	Море
Taxi	Такси
Tent	Палатка
Train	Поезд
Transportation	Транспорт
Visa	Виза

Vegetables
Овощи

Artichoke	Артишок
Broccoli	Брокколи
Carrot	Морковь
Celery	Сельдерей
Cucumber	Огурец
Eggplant	Баклажан
Garlic	Чеснок
Ginger	Имбирь
Mushroom	Гриб
Olive	Оливка
Onion	Лук
Parsley	Петрушка
Pea	Горох
Pumpkin	Тыква
Radish	Редис
Salad	Салат
Shallot	Шалот
Spinach	Шпинат
Tomato	Помидор
Turnip	Репа

Vehicles
Транспортные Средства

Airplane	Самолет
Bicycle	Велосипед
Boat	Лодка
Bus	Автобус
Car	Автомобиль
Caravan	Караван
Engine	Двигатель
Ferry	Паром
Helicopter	Вертолет
Motor	Мотор
Raft	Плот
Rocket	Ракета
Scooter	Скутер
Shuttle	Челнок
Subway	Метро
Taxi	Такси
Tires	Шины
Tractor	Трактор
Train	Поезд
Truck	Грузовик

Visual Arts
Изобразительное Искусство

Architecture	Архитектура
Artist	Художник
Ceramics	Керамика
Chalk	Мел
Charcoal	Уголь
Clay	Глина
Composition	Состав
Creativity	Креативность
Easel	Мольберт
Film	Фильм
Masterpiece	Шедевр
Pen	Ручка
Pencil	Карандаш
Perspective	Перспектива
Photograph	Фотография
Portrait	Портрет
Sculpture	Скульптура
Stencil	Трафарет
Varnish	Лак
Wax	Воск

Water
Вода

Canal	Канал
Drinkable	Питьевой
Evaporation	Испарение
Flood	Наводнение
Frost	Мороз
Geyser	Гейзер
Humidity	Влажность
Hurricane	Ураган
Ice	Лед
Irrigation	Орошение
Lake	Озеро
Moisture	Влага
Monsoon	Муссон
Ocean	Океан
Rain	Дождь
River	Река
Shower	Душ
Snow	Снег
Steam	Пар
Waves	Волны

Weather
Погода

Atmosphere	Атмосфера
Breeze	Бриз
Climate	Климат
Cloud	Облако
Drought	Засуха
Dry	Сухой
Fog	Туман
Hurricane	Ураган
Ice	Лед
Lightning	Молния
Monsoon	Муссон
Polar	Полярный
Rainbow	Радуга
Sky	Небо
Storm	Буря
Temperature	Температура
Thunder	Гром
Tornado	Торнадо
Tropical	Тропический
Wind	Ветер

Congratulations

You made it!

We hope you enjoyed this book as much as we enjoyed making it. We do our best to make high quality games.
These puzzles are designed in a clever way for you to learn actively while having fun!

Did you love them?

A Simple Request

Our books exist thanks your reviews. Could you help us by leaving one now?

Here is a short link which will take you to your order review page:

BestBooksActivity.com/Review50

MONSTER CHALLENGE!

Challenge #1

Ready for Your Bonus Game? We use them all the time but they are not so easy to find. Here are **Synonyms**!

Note 5 words you discovered in each of the Puzzles noted below (#21, #36, #76) and try to find 2 synonyms for each word.

Note 5 Words from *Puzzle 21*

Words	Synonym 1	Synonym 2

Note 5 Words from *Puzzle 36*

Words	Synonym 1	Synonym 2

Note 5 Words from *Puzzle 76*

Words	Synonym 1	Synonym 2

Challenge #2

Now that you are warmed-up, note 5 words you discovered in each Puzzle noted below (#9, #17, #25) and try to find 2 antonyms for each word. How many lines can you do in 20 minutes?

Note 5 Words from **Puzzle 9**

Words	Antonym 1	Antonym 2

Note 5 Words from **Puzzle 17**

Words	Antonym 1	Antonym 2

Note 5 Words from **Puzzle 25**

Words	Antonym 1	Antonym 2

Challenge #3

Wonderful, this monster  challenge is nothing to you!

Ready for the last one? Choose your 10 favorite words discovered in any of the Puzzles and note them below.

1.	6.
2.	7.
3.	8.
4.	9.
5.	10.

Now, using these words and within a maximum of six sentences, your challenge is to compose a text about a person, animal or place that you love!

Tip: You can use the last blank page of this book as a draft!

Your Writing:

_____
_____
_____
_____
_____
_____
_____

Explore a Unique Store Set Up **FOR YOU!**

MEGA DEALS

BestActivityBooks.com/TheStore

Designed for Entertainment!

Light Up Your Brain With Unique **Gift Ideas**.

Access **Surprising** And **Essential Supplies!**

CHECK OUT OUR MONTHLY SELECTION NOW!

- **Expertly Crafted Products** -

NOTEBOOK:

SEE YOU SOON!

Linguas Classics Team

www.ingramcontent.com/pod-product-compliance
Lightning Source LLC
LaVergne TN
LVHW060319080526
838202LV00053B/4370